广东地方治理创新研究丛书

肖 滨 朱亚鹏 主编

连接国家与社会
——广东探索参与式地方治理

黄冬娅 陈川慜 高 炜 巫长林 刘 学 著

·广州·

版权所有　翻印必究

图书在版编目（CIP）数据

连接国家与社会：广东探索参与式地方治理/黄冬娅，陈川慜，高炜，巫长林，刘学著. —广州：中山大学出版社，2018.7
（广东地方治理创新研究丛书/肖滨，朱亚鹏主编）
ISBN 978-7-306-06317-5

Ⅰ.①连… Ⅱ.①黄…②陈…③高…④巫…⑤刘… Ⅲ.①地方政府—行政管理—研究—广东 Ⅳ.①D625.65

中国版本图书馆 CIP 数据核字（2018）第 059665 号

出 版 人：	王天琪
策划编辑：	嵇春霞
责任编辑：	王　睿
封面设计：	曾　斌
责任校对：	李艳清
责任技编：	何雅涛
出版发行：	中山大学出版社
电　　话：	编辑部 020-84110771，84113349，84111997，84110779
	发行部 020-84111998，84111981，84111160
地　　址：	广州市新港西路 135 号
邮　　编：	510275　传　真：020-84036565
网　　址：	http://www.zsup.com.cn　E-mail：zdcbs@mail.sysu.edu.cn
印 刷 者：	佛山市浩文彩色印刷有限公司
规　　格：	787mm×1092mm　1/16　12.875 印张　180 千字
版次印次：	2018 年 7 月第 1 版　2018 年 7 月第 1 次印刷
定　　价：	45.00 元

如发现本书因印装质量影响阅读，请与出版社发行部联系调换

教育部人文社会科学重点研究基地
中山大学中国公共管理研究中心重大项目"中国特色的治理理论构建（16JJD630012）"研究成果

总　　序

20世纪八九十年代以来，经济全球化和以信息技术为导向的新技术革命浪潮席卷世界各国；它们不但深刻地改变了国际经济、政治格局，也快速重塑着全球治理体系。全球化在带来了重大红利的同时，也给不同经济体之间以及各经济体内部带来了一系列分化与冲突，并由此引发了全球性的治理危机。不同国家回应危机的方式大相径庭，乃至直接催生出全球化与逆全球化之间角力的局面。作为全球化的参与者、受益者和积极推动者，近年来，中国积极谋划顶层设计，在规范公共权力运行、营造公平市场环境和维护公共秩序等方面进行了大胆改革与创新，力图通过创新和善治解决国内发展中遇到的新问题，并努力为推动世界经济发展和全球善治贡献中国智慧，体现了引领全球化发展的大国担当。

面对全球化带来的机遇和挑战，改革与发展成为当代中国的必然选择。党的十八届三中全会进一步将"推进国家治理体系和治理能力现代化"确定为全面深化改革的总目标，力争在2020年形成系统完备、科学规范、运行有效的现代制度体系。我们有理由认为，这不仅是一个事关中国国内治理的战略布局，它也为增强中国参与全球治理的能力、为全球治理提供"中国方案"创造了契机。在近40年中，中国融入了全球化浪潮，不但经济持续高速增长，而且社会总体稳定并充满活力。因此，越来越多的人从直接关注中国的经济奇迹，开始转向探究这种经济奇迹背后的政治动力和社会诱因。事实上，近年来，中国的治理经验已开始被越来越多的国家所认可和借鉴。

然而，作为一个发展中的大国，积极的地方治理探索是中国改革开放得以成功的一条重要经验。为应对现代化和全球化进程中的各种挑战，中国涌现了大量的地方治理创新典型案例，其直接动力根植于地方社会不同类型行动者的持续互动之中。换言之，在特定的结构和制度情景中，不同的行动者通过互动，逐步消弭利益冲突并达成政策共识，进而让公共问题最终得到解决。虽然随着改革进入深水区，中央顶层设计的必要性日益凸显，但保持地方自主探索的活力依然是中国治理现代化不可或缺的一环。在此意义上，为了更好地总结中国的治理经验，并准确揭示它们背后的动力及其作用机制，我们需要将研究触角进一步下沉到纷繁复杂的地方治理实践过程之中，以便为下一步对全球治理之"中国方案"的学理表达提供切实的地方性经验的支撑。

作为改革开放的前沿地带，广东地方治理创新始终保持着热度，甚至在全国都起到了引领示范的作用。改革开放以来，广东一直秉持"敢为天下先"的精神，在诸多领域积极进行探索创新，无论是在经济发展、法治民主建设方面，还是在社会建设等方面，都大胆突破，涌现出一大批治理创新的典型案例。它们在地方实践的意义上构成了推进国家治理体系和治理能力现代化最直接的注脚，堪称理解中国治理经验的"广东样本"。

2012年年末，习近平总书记在广东考察时强调指出，"广东要努力成为发展中国特色社会主义的排头兵、深化改革开放的先行地、探索科学发展的试验区，为率先全面建成小康社会、率先基本实现社会主义现代化而奋斗"。这成为广东进一步推进治理体系和治理能力现代化建设的新起点和动力源。5年来，广东积极响应中央号召,在改革行政审批制度、优化基层自治、扩大公民有序参与、创新社会治理模式等方面继续努力,探索出了许多治理创新的新经验。立足于这些鲜活的广东地方治理创新案例,从实践出发提炼具有解释力和穿透力的理论体系,参与全球治理理论对话,进而提升中国国家治理的绩效和品质,将是一件兼具学术价值和现实意义的研究工程。

在此背景下,中山大学政治与公共事务管理学院、中山大学中国公共管理研究中心、中山大学当代中国政治研究中心本着"问人间政治之道以善政天下,求公共管理之理为良治中国"的一贯宗旨,推出"广东地方治理创新研究丛书",试图对广东治理体系和治理能力现代化建设的理论基础、实践经验和未来走向进行一次系统的总结和探讨,内容涵盖政府内部纵横双向权力配置改革,国家、市场、社会与群众四者之间的协同共治关系变革,以及基层自治与社会治理革新等多个方面,为深入理解广东地方治理创新实践提供有益的理论解释,为广东破解发展难题、增强发展动力、厚植发展优势奠定坚实基础。

在中国改革开放40周年即将到来之际,我们也希望以出版本套丛书为契机,抛砖引玉,激发新一轮关注国家治理体系与治理能力现代化建设的研究潮流。一方面,除广东外,国内还有浙江、贵州等许多地区在不同公共领域中大胆尝试,形成了一大批集国家、社会与市场力量智慧于一体的治理创新模式。这些具体的治理实践内容丰富、成绩亮眼,不但值得深入剖析和总结,而且是进行不同地区治理创新比较研究的珍贵素材。我们希望学术界和实务界有更多人能投身于中国治理创新的研究及实践之中,为"中国经验"的提炼提供助益。另一方面,如何解决公共领域中的治理问题,进而建构善治良序的局面是世界性的难题。以中国治理经验为基础,通过实践分析、理论建构参与全球治理理论对话和治理实践质量优化也正当其时。我们愿与学界同仁一道，在做好充分的中国地方治理研究的基础上，基于国际比较的宽广视野，进一步推进更具普遍适用性的治理理论创新，真正彰显中国治理经验对推动现代政治文明更新和治理理念发展的作用。

目录
CONTENTS

第一章　比较视野下的参与式地方治理
　　一、以公共参与推动社会问责 ·················· 3
　　二、参与式地方治理的背景 ···················· 5
　　三、参与式地方治理的机制：发展中国家的实践 ········ 9
　　四、参与式地方治理的保障：国家与社会的协作 ········ 17

第二章　人大代表联系选民的广东经验
　　　　——以深圳人大代表联络站为例
　　一、人大代表联系选民实践的背景 ················ 23
　　二、人大代表联系选民的机制在广东的发展 ··········· 25
　　三、加强人大代表与选民联系的积极意义 ············ 38
　　四、人大代表联系选民的机制所存在的问题与对策 ······· 45

第三章　党的群众路线的广东探索
　　　　——广东省佛山市南海区干部驻点直接联系群众制度的尝试
　　一、党史中的干部驻点联系群众 ················· 53
　　二、干部直接联系群众的佛山市南海区案例 ··········· 59
　　三、南海区干部直接联系群众制度的目标、特征和探索 ···· 63
　　四、干部直接联系群众的保障机制 ················ 77
　　五、干部驻点联系群众的监督考核机制 ·············· 80
　　六、干部直接联系群众制度的启示和问题 ············ 83
　　七、改善干部直接联系群众制度的对策和建议 ·········· 87

第四章 参与式政府决策的创新经验研究
　　——以广东公共事务决策征询民意制度为例
　　一、广东参与式地方治理发展的背景 ……………………… 93
　　二、公共事务决策征询民意制度的两种实践形式 ………… 96
　　三、探索中的经验及挑战 …………………………………… 138
　　四、参与式治理对地方治理的启示和建议 ………………… 146

第五章 参与式网络治理创新经验案例研究
　　——以河源网络问政为例
　　一、河源网络问政发展的背景 ……………………………… 153
　　二、网络问政的实践:"三纵五连六统""舆情舆商"
　　　　与"问政民主" ………………………………………… 165
　　三、探索中的经验及挑战 …………………………………… 173
　　四、网络问政对地方治理的启示和建议 …………………… 188

参考文献 …………………………………………………………… 195

第一章

比较视野下的参与式地方治理

在众多的参与式地方治理的实践中,公民并非只是在政府外部消极地履行选举的义务,而是更加深入和积极地卷入公共事务的整个进程,建立起事前和事中的公民影响力;与多元民主理论所强调的以利益集团活动为核心的公民参与不同,参与式地方治理的目标正是避免那些强势利益集团对公共资源的控制,它更强调那些没有组织起来的弱势群体的声音传递和赋权,让普通公民和公民社会组织获得影响公共决策的制度化途径。也正是在这个意义上,参与式地方治理对推动社会问责和实现地方善治具有日渐凸显的意义。鉴于此,本章将着重介绍发展中国家参与式地方治理的经验,以期从比较的视野考察当前中国的参与式地方治理的实践。

一、以公共参与推动社会问责

在政治问责研究中，研究者将问责分为横向问责（Horizontal Accountability）和纵向问责（Vertical Accountability）。横向问责主要指的是来自国家内部的立法、司法和独立行政监督机构这三种主体进行的问责形式；而纵向问责是指来自国家外部的问责，它包括选举问责和社会问责（Social Accountability）两种形式。不同于选举问责，社会问责是通过普通公民或者公民社会组织直接或者间接的参与来实施问责的问责方式。①

相对于其他问责形式，社会问责特别强调了公共参与的重要角色。所谓"公共参与"（Civic Engagement）不仅仅包括传统的"公民参与"（Citizen Participation）方式，还包括了赋权（Empowerment）以及伙伴关系。也就是说，它不是指公民消极和被动地进行政治参与，而是积极和主动地卷入公共事务过程，以有效地表达他

---

① 关于"社会问责"的概念和相关理论，可参见包括世界银行"社会发展报告"在内的以下研究资料：World Bank, *Social Development Paper*, No. 76; *Social Accountability: An Introduction to the Concept and Emerging Practice*, via website of World Bank, 2004, http://siteresources.worldbank.org/INTPCENG/214578 - 1116499844371/20524122/310420 PAPER0So1ity0SDP0Civic0no1076.pdf; World Bank, *Working Paper*, No. 30; *State-Society Synergy for Accountability: Lessons for the World Bank*, via webpage of United Nations Public Administration Network, 2004, http://unpan1.un.org/intradoc/groups/public/documents/UNDPADM/UNPAN043917.pdf; Andreas Schedler, Larry Diamond, Marc Plattner, *The Self-restraining State: Power and Accountability in New Democracies*, Lynne Rienner, 1999; 马骏：《政治问责研究：新的进展》，载《公共行政评论》2009 年第 4 期。

们的观点、切实地影响公共决策；这个过程伴随着公民观点的表达、公民参与能力的提升以及国家与社会伙伴关系的建立。在这种以公共参与为核心的社会问责中包含了一种积极的公民身份。这种积极的公民身份不是指公民拥有国家赋予和法律界定上的公民身份，而是指公民积极参与到公共事务和决策过程中，寻求对政府的问责，并与政府分担责任的公民身份。①也正是这种对积极公共参与的强调使得社会问责与其他问责方式在以下两个方面存在差异。

第一，问责和惩罚的方式。其他政治问责形式往往是事后的问责，而社会问责是一种积极主动的过程，它包括了公民和公民社会组织事前或者事中的参与、对话和评估，官员需要告知和论证他们的决策方案、行为和结果。同时，社会问责虽然不能够直接对公共权力掌有者进行惩罚，但是它可以对有悖民意的政府施以公众压力和合法性质疑等正式和非正式的象征性惩罚，还可以通过公共参与来推动国家内部问责的启动。②

第二，问责的目标。其他形式的问责制度的目标往往在于通过惩罚来制约权力掌有者，而社会问责可达致赋权和公共服务均等化两个目标。社会问责通过推动制度化的公共参与，旨在提升公民自身的能力，特别是培养社会弱势群体的参与能力，达致赋权的成效；同时，通过提升公民公共参与的能力，它还可推动更加均等化的公共服务。在通过社会问责改善治理的过程中，一个非常核心的

---

① 关于社会问责中的"公共参与"和"积极公民身份"的概念，可参见联合国开发计划署的以下相关资料：UNDP, Promoting Civic Engagement in a Post-Totalitarian and EU Accession Context: A Case from Bulgaria, *Working Paper*, Oslo Governance Center, via website of UNDP, 2008, http: //www.undp.org/oslocentre/docs09/Zlatereva_paper_final.pdf。

② 关于社会问责如何实施惩罚的研究，可参见以下研究资料：World Bank, Social Accountability in the Public Sector: A Conceptual Discussion, *Working Paper*, No. 82, via website of World Bank, 2005, http: //siteresources.worldbank.org/INTPCENG/214574－1116506074750/20542263/FINALAckerman.pdf; Adam Przeworski etal eds, *Democracy, Accountability and Representation*, Cambridge University Press, 1999; Mainwaring Scott ed, *Democratic Accountability in Latin America*, Oxford University Press, 2003。

问题在于如何使得贫困人口、妇女和儿童等弱势群体获得公平和有效的公共服务,这些弱势群体往往缺少获取信息和影响决策的途径;在许多发展中国家,这些社会群体往往只能通过个人化和特殊化的庇护关系来建立与政府官员的联系,以获得所需的物质资源。这种庇护关系构成了公民对国家的反向垂直问责,使得公民依附于国家及其官员。而公共参与以公民身份为权利诉求的基础,打破庇护关系网络,使得公民积极参与到公共事务之中,这会在相当大的程度上产生赋权效应,改善和增加弱势群体声音的传递,改善弱势群体的公共服务获取,推动社会向国家的问责。[1]

二、参与式地方治理的背景

在过去几十年中,通过公共参与推动社会问责成为加强政治问责的重要方式。在许多发展中国家,它们在政治制度上移植了西方的选举民主体制,然而通过选举来实现政治问责却遭遇了极大的困难,而社会经济较为落后的情况又进一步妨碍了均衡公共服务的供给,甚至导致了政治不稳定和国家治理的恶化。这种情况既出现在

---

[1] 关于社会问责与公民赋权以及公共服务均等化的关系,可参见以下研究:Jonathan Fox, *Civil Society and Political Accountability*: *Propositions for Discussion*, The Helen Kellogg Institute for International Studies, 2000; World Bank, The Role of Civic Engagement and Social Accountability in the Governance Equation, *Social Development Note*. No. 75, via website of World Bank, 2003, http://siteresources.worldbank.org/INTPCENG/214574-1118058447732/20526739/sdn75.pdf。

诸如巴西、智利、南非和菲律宾等拉丁美洲（以下简称"拉美"）、非洲和亚洲的"新兴民主国家"，也出现在诸如印度这样的西方民主体制已经建立较长时间的发展中国家。在这样的背景下，积极推动参与式地方治理成为重要的制度修正。具体而言，这种发展趋势与以下两个因素密切相关：一是对选举民主的反思，特别是对发展中国家选举民主实践的反思；二是治理理念的发展以及对官僚体制改革的推动。

1. 对发展中国家选举民主的检视

在许多发展中国家，从西方国家移植的以分权制衡为核心的横向问责机制在实践中存在一定的局限。行政首脑一旦当选，他们就掌握了民意授权的令箭，享有了合法性和最高的权力。司法和立法机构的反对和弹劾都会被认为是违反多数民意和阻碍政府效率的举动。在拉美研究中，"授权式民主"（Delegative Democracy）的概念就被提出来形容拉美新兴民主国家面对的困境。在这些国家，以选举和权力制衡为核心的制度安排难以真正实现问责，积极的公共参与成为实现问责的重要修正。①

选举制度蕴涵的纵向问责也往往难以实现对权力的制约。选举民主以民意授权为核心，它意味着公民将信号传递给政府，政府根据这种信号制定和执行相应的政策；然后公民判断这些政策是否符合民意，以决定他们下一次的投票。也就是说，选举隐含了一种追溯既往行为的问责惩罚机制，政府需要对他们过去的政策和行为负责。但是，在实践中，这种回溯性投票并不一定能够有效地实现问责。获得民意授权后，当权者可能为了谋求自己的私利而背弃他们

---

① 关于拉美"授权式民主"的概念，可参见奥唐奈的相关著述：O'Donnell, Guillermo, Delegative Democracy, *Journal of Democracy* Vol. 5, No. 1, 1994; Guillermo O'Donnell, *Polyarchies and the (Un) rule of Law in Latin America*, Paper presented at the Meeting of the Latin American studies Association, Chicago, 1998。

最初的承诺，而选民并没有充分的信息来了解其动机和变化，从而也不一定能够通过投票实施惩罚；同时，间隔几年一次的选举往往使得选民只能在有限的候选人中进行选择，而且投票往往只能选择个人，而非选择政策、项目或者政纲，选民很少能够影响候选人当选后日常的各种具体决策。因此，在对拉美国家民主实践的反思中，研究者发现，当权者偏离民意被认为是一种常规现象，民意与政府政策之间的不一致是常规现象而非例外。选举越来越被认为只不过是公民对自己主权的确认，而非对特定问题问责官员的方式。①

正是在这样的背景下，依靠公共参与来推动社会问责成为对选举民主的重要修正。公民无处不在，公民监督无时不有，公民有广泛的信息和强大的动力去施加政治压力、揭发政府的错误行径以及要求更好的公共服务。基恩就认为，1945 年以来的民主进入了新的历史阶段，即所谓"监督式民主"。在监督式民主的时代，民主不再局限于选举民主，民主体制延伸进了它之前被排斥或者只发挥很少作用的领域。传媒革命使得公民可以通过网络和多媒体等新形式抵制不负责任的公共权力、随时随地进行公民监督，从而更好地推进问责、防御腐败和权力滥用。②

2. 善治与官僚体制改革

在发展中国家，由于经济相对落后以及贫困问题更加突出，如

---

① 关于选举与问责的关系，可参见以下相关研究：Catalina Smulovitz and Enrique Peruzzotti, Societal Accountability in Latin America, *Journal of Democracy*, Vol. 11, No. 4, 2000; Adam Przeworski etal. eds., *Democracy, Accountability and Representation*, Cambridge University Press, 1999; Charles D. Kenney, *Reflection on Horizontal Accountability: Democratic Legitimacy, Majority Parties and Democratic Stability in Latin America*, Paper prepared for the conference on Institution, Accountability, and Democratic Governance in Latin America, Kellogg Institute for International Studies, University of Notre Dame, May, 2000。

② 关于"监督式民主"，可参见基恩的研究：John Keane, *The Life and Death of Democracy*, London: Simon and Schuster, 2009。

何提供优质和均衡的公共服务是一个更大的挑战。新自由主义的经济政策在解决诸如贫困问题等治理问题的局限使得人们逐步开始强调一个强有力的国家与公民和市场互动的意义,金融危机的爆发也更加凸显了透明和有效的监管体系的重要性。这两者都指向了国家的治理结构对发展绩效的深刻影响。在这种治理结构中,"问责"构成了非常关键的要素。①

世界银行的研究报告认为,构建善治有来自三个方面的挑战,即腐败、庇护和捕获,而现有治理改革主要有三种方向:一是韦伯式改革,它包括官僚系统的理性化、公务员体制改革和加强内部审计等机制;二是市场化,它特别指向公共服务外包,公共服务外包是新公共管理加强问责的重要方式;三是独立问责机构(Independent Pro-accountability Agencies),在过去的几十年中,独立的反腐机构、审计机构和选举监督机构,以及人权申诉专员和独立公诉人等上百个独立问责机构在各国得以建立。②

与以上三种治理改革方式不同,参与式地方治理独具优势,对发展中国家而言,公共参与能够推动更加均衡化的公共服务,改善贫困人口和社会弱势群体的社会经济状况,因此,它在发展中国家避免成为失败国家并达致善治的过程中扮演越来越重要的角色。首先,与韦伯式改革不同,传统的至上而下地执行严格的绩效目标以及通过上级的惩罚来进行监控的方式被认为是一种"警察巡逻"(Police Patrol)的方式;而参与式地方治理所推动的社会问责形成

---

① Raza Ahmad, Governance, Social Accountability and the Civil Society, *The Journal of Administration & Governance*, Vol. 3, No. 1, 2008.

② 独立问责机构形式多样,在实践中,例如,1987 年波兰成立的申诉专员制度,1989 年菲律宾、1994 年韩国以及 1998 年泰国成立的全国反贪委员会,1988 年澳大利亚新南威尔士成立的独立反贪委员会,1994 年南非成立的公护人制度(Public Protector),1996 年东非的乌干达成立的政府检察长制度;另外,有超过 80 个国家成立了全国的申诉专员制度。参见 World Bank, Social Accountability in the Public Sector: A Conceptual Discussion, *Working Paper*, No. 82, 2005。

自下而上的压力,是一种"火警"(Fire Alarm)的方式。它不局限于官僚体制内部,实施的范围十分广泛,动力更加充足,只要我们有适当的制度将社会的潜力转化为行动的机制,通过积极的公共参与,社会问责就会在善治中发挥关键的作用。其次,市场化和公共参与都借助于社会的能量来加强问责。不过,市场化是将国家推向社会,公共参与则是将社会带入国家;市场化常常使用消费者选择的话语,而公共参与则是以公共参与和公民权利为基础,它更加倾向于社会公正和社会包容,以避免市场化公共服务供给导致的不平等效应。最后,独立问责机构被认为具有相当的保守性,官僚系统不断地用创设独立机构来假装他们在尝试解决腐败问题,这些制度创新往往是为了规避各种批评进而逃避政府应该进行的全面改革。公共参与将社会行动者带入到国家之中,将极大地推动公民对权力的监督和制约;公共参与还有助于独立问责机构的运行,独立问责机构的有效性在一定程度上取决于它与社会的互动,那些更倾向于与社会搭建桥梁的机构往往更有效地履行它们的职责。①

三、参与式地方治理的机制:发展中国家的实践

公民和公民社会组织可以通过非制度化的方式来表达抗议、寻

---

① 参见世界银行两份关于社会问责的报告:World Bank, Social Accountability: An Introduction to the Concept and Emerging Practice, *Social Development Paper*, No. 76, 2004; World Bank, State-Society Synergy for Accountability: Lessons for the World Bank, *Working Paper*, No. 30, 2004。

求对政府的问责，公民也可以通过更加制度化的机制来施加政治压力。相对于非制度化的方式而言，制度化的机制能够建立更加协作化的国家与社会关系。在许多发展中国家，参与式地方治理已成为一种切实的实践。非洲国家在独立预算分析和公共开支追踪方面积累了相当丰富的社会问责经验。具体而言，这些社会问责机制可以划分为公民信息权利保障、参与式政策规划和监督、参与式公共开支管理以及参与式绩效监控四个不同的类别。通过这些具体的社会问责机制，公民和公民社会组织推动政府提供更优质和更均衡的公共服务。①

（一）公民信息权利保障

公民能够获得相关的政府信息是公共参与的基础和前提，因此，改善公民的信息获取是加强社会问责的重要措施。孟加拉国、印度、菲律宾、柬埔寨、秘鲁、厄瓜多尔和哥伦比亚等国都广泛地推动政府信息透明度。具体措施包括三种：①颁布信息获取相关法案，保障公众的信息获取权利。目前有60多个国家拥有明确的信息权利法案。在发展中国家，印度的信息权利法案具有较大的影响。从20世纪90年代开始，印度民众逐步推动要求废除限制信息权利的殖民法案的运动，这直接促成了2005年印度"信息权利法案"的颁布。它确认了多项公民获取信息的权利，并设立国家信息委员会和各级"公众信息官员"，专门处理公民提请的信息获取书面申请。南非也早在2001年颁布了"促进信息公开法"。②公开政府信息。例如，在"透明国际"的协助下，孟加拉国交通部建立门

---

① 关于拉美社会问责具体机制的研究，可参见以下资料：Enrique Peruzzotti and Catalina Smulovitz, Held to Account: Experiences of Social Accountability in Latin America, *Journal of Human Development*, Vol.3, No.2, 2002。

户网站来公开公共工程信息；秘鲁和智利等国通过门户网站向公民提供公共财政信息；南非推动政党私人募捐经费的公开透明；菲律宾申诉员公署和总统反贿赂委员会公布官员生活方式自测指南等。③建立透明的网络办事程序。例如，厄瓜多尔通过公共工程网络招标来打击腐败，柬埔寨推动了艾滋病防治基金相关药物和服务供应商的公开招标，等等。①

保障公民信息获取的权利，并切实地公开政府相关信息，是一个看似简单而对问责有巨大影响的举措。"让事实为所有公民看见"，不仅对权力的行使有巨大的制约性，而且奠定了公民形成判断、参与决策和施加压力的基础。

（二）参与式政策规划和监督

在地方政府政策和规划制定过程中，公共参与得到了较为广泛的推广。阿根廷、印度、菲律宾、乌干达、乌拉圭、危地马拉和墨西哥等国都推动了这种社会问责方式，它的主要形式是公民评审团、公众听证和参与式监督。

第一，公民评审团（Citizen Jury）。它搭建公民讨论规划和政策的平台，印度被认为是推行公民评审团的成功典范。印度环境和发展国际研究所推动使用陪审团来慎议粮食和农业的发展问题，它容纳了专家、持不同观点的人士和社会群体，在参与规模较小的情况下对问题进行深入的讨论以形成共识，并将慎议结果提交决策部

---

① 关于印度等国信息公开运动，可参见以下相关研究：Rob Jenkins and Anne Marie Goetz, Accounts and Accountability: Theoretical Implications of the Right-to-Information Movement in India, *Third World Quarterly*, Vol. 20, Vo. 3, 1999, pp. 603 – 622; Society for Participatory Research in Asia (PRIA), *Demanding Accountability from the State: An Assessment of Right to Information*, via website of SILAKA, 2008, http://www.silaka.org/current/pecsa/sas2/3_mo1/mo1_Ses7_7.pdf。

门。从 2001 年开始，秘鲁成立扶贫圆桌会议，政府官员与来自公民社会的代表一起设计抵御贫困的社会政策；此外，秘鲁政府还启动了全国教育共识委员会，将公民社会代表、学术界代表、教师工会代表等召集在一起，讨论教育政策问题。①

第二，公共听证。政府和社会组织就各种政策议题广泛地举行公众听证会。在阿根廷，地方市政当局、"透明国际"和公民社会组织联盟就通过公众听证会来监控废物回收服务的购买和合同；印度工人和公民赋权协会举行多种层面上的听证会，包括有关社会公正的听证会和村庄中关于政府开支的听证会等；亚美尼亚社区财政官员办公室组织社区财务公众听证会，讨论社区财务支出计划等。②

第三，参与式监督。在印度，地方政府在向贫穷家庭配给食物和基本生活用品过程中，允许每个社区的利益相关家庭挑选出女性代表成立配给行动委员会，监督配给物资的质量和价格；加纳也推动公民组织地方监督委员会，监督向贫困人口的贷款发放和公共服务提供；阿根廷的公民宪章项目推动地方政府当局向公民做出承诺，展示在一定时间内所需达到的目标和结果，再由公民和公民社会组织监控其进展情况；乌干达政府组织公民参与到监督减贫战略文件实施过程中；世界银行在贝宁推动公民组建地方医疗委员会，监督地方医疗服务规划的实施等。③

相对于公民信息获取，参与式政策规划和监督是一种更为积极的社会问责方式，它能够对具体的政府治理产生更直接的影响，既可以推动公民表达自身的诉求，也可以加强公民对政策和规划制定

---

① 关于印度等国的信息公开运动，可参见：World Bank, Social Accountability in the Public Sector: A Conceptual Discussion, *Working Paper*, No. 82, 2005。
② 关于公共听证制度的详情，可参见：World Bank, *Social Accountability Sourcebook*, http://www.worldbank.org/socialaccountability_sourcebook/。
③ 关于参与式监督的详情，可参见：Gina Gilbreath Holdar and Olha Zakharchenko eds, *Citizen Participation Handbook*, International Center for Policy Studies, 2002。

以及实施过程的监督,从而推动善治的实现。

(三)参与式公共开支管理

参与式公共开支管理是实践最为广泛、成效最为显著的一种社会问责方式,印度、印度尼西亚、菲律宾、孟加拉国、尼泊尔、斯里兰卡、加纳、马拉维、巴西、南非、纳米比亚、赞比亚、津巴布韦、阿尔巴尼亚、黎巴嫩和埃及等国都开展了相关的制度实践。它主要有三种形式,即参与式预算、独立预算分析和公共开支追踪。

第一,参与式预算。公民可以在预算编制的前期参与,也可以在预算编制的过程中参与;可以参与国家预算制定,也可以独立提出备选预算方案。在巴西,负有盛名的阿雷格里参与式预算改革将10%的预算向社会公开,推动社区、地区和全市三个层面上的公共参与,并实行向贫困群体倾斜的加权投票制度,推动贫困人口的积极参与,以改善公共服务中的无效率、腐败和不平等问题。在菲律宾,公民通过地方发展理事会参与预算编制。在津巴布韦,公民组织还主动制定备选预算方案,为预算编制提供参考。① 参与式预算是最为典型的一种社会问责机制。它不仅有助于对政府权力的制约,使得政府更加回应民众的需要,推动公共资源更加合理的配置;而且它还有助于公共服务的均衡化,公共参与预算使得那些过去向政府部门本身倾斜或者向特定社会群体和社会区域倾斜的预算可能被纠正过来,使得资源更有可能流向社会弱势群体或者边缘地

---

① 关于巴西等国的参与式预算实践,可参见:Brian Wampler, Expanding Accountability Through Participatory Institutions: Mayors, Citizens, and Budgeting in Three Brazilian Municipalities, *Latin American Politics and Society*, Vol. 46, No. 2, 2004, pp. 73~99; World Bank, State-Society Synergy for Accountability: Lessons for the World Bank, *Working Paper*, No. 30, 2004。

区，从而真正实现公民的发言权和问责。

第二，独立预算分析。独立预算分析主要有三种方式。一是发布独立预算分析报告，监控公共开支情况。例如，秘鲁的经济和社会研究联盟等机构定期以网络视频方式发布全国预算分析；哥斯达黎加有关机构进行独立公共工程预算分析；南非的民主选择研究所独立分析全国和省级教育预算，并每月定期公布独立的预算分析报告。二是提升公民预算分析能力。在印度，许多公民社会组织发起了预算工作坊，普及公民预算知识；尼泊尔和斐济群岛的公民社会组织也组织预算工作坊，对公民和预算利益相关者进行公共预算分析培训。三是推动共识性预算方案制定。在印度，研究机构、公民社会组织独立分析扶持贫困人口的相关预算；菲律宾、印尼、斯里兰卡、厄瓜多尔、墨西哥和乌干达等国都进行了独立的性别预算分析，评估教育和公共卫生等预算的性别影响；巴西则在性别预算之外，还将儿童预算和青年预算纳入独立预算分析之中。较之于参与式预算，独立预算分析可以在不进行预算体制改革的情况下推行，在公共参与预算受限的情况下，公民和公民组织可以通过独立预算分析来对预算编制施加社会影响；此外，独立预算分析更加有助于社会预算监督的专业化，同时也有助于向普通民众普及预算知识，特别是有助于那些缺少相关知识和信息的群体的赋权。

第三，公共开支追踪。公共开支追踪是在预算实施后对公共开支进行监督和问责，它在非洲得到最为广泛的实践，公共开支追踪的领域也非常广泛。例如，塞内加尔对艾滋病防治资金的开支追踪、津巴布韦对儿童相关预算资金的开支追踪、乌干达对医疗卫生领域的公共开支追踪、马拉维对教育部门的公共开支追踪、菲律宾对教科书的开支追踪、乍得对石油收入使用的开支追踪，以及加纳对地区讲习会共同资金的开支追踪,等等。①

公共开支追踪主要着眼于预算的执行和实施。在预算方案制定出来后,针对预算开支中可能存在的腐败和效率问题,由预算专家、NGO 组织、新闻媒体以及普通公民等参与的公共开支追踪可以提高资金流向的透明度,曝光和减少预算开支中的腐败问题,改善公共工程或者公共服务的供给。

(四) 参与式绩效监控

参与式绩效监控旨在推动公共参与评价公共服务质量,主要包括公民报告和公民记分卡(Citizen Score Card)、社会审计(Social Audit)以及民意调查三种方式。它在亚洲、拉丁美洲、非洲和欧洲的多个国家得到广泛运用,包括孟加拉国、印度、尼泊尔、菲律宾、斯里兰卡、亚美尼亚、阿根廷、秘鲁、委内瑞拉、加纳、南非、津巴布韦和乌克兰等国。

第一,公民报告和公民记分卡。它们都是由公共服务的受众来对公共服务质量进行评估和打分的社会问责机制,具体由专业机构收集民意以提出公共服务质量的公民报告,或者由专业机构制定标准记分卡。在印度,从 1994 年开始,世界银行推动在班加罗尔以公民报告的形式评估政府的公共服务,不仅调查当地全体居民对公共服务和公共机构人员的满意度情况,还特别调查获取贫民窟民众对于公共服务和公共机构人员的满意度情况,1994 年、1999 年和

---

① 关于独立预算分析和公共开支跟踪的详情,可参见以下研究报告:Dan Songco, Accountability to the Poor: Experiences in Civic Engagement in Public Expenditure Management-A Synthesis Paper, via website of World Bank, 2001, http://siteresources.worldbank.org/INTPCENG/1143372－1116506152959/20542169/civicengagement.pdf; World Bank, Making Service Work for Poor People: the Role of Participatory Expenditure Management, *Social Development Note*, No.81, via website of World Bank, 2003, http://siteresources.worldbank.org/INTPCENG/1143372－1116506152959/20542171/sdn81.pdf。

2003年三次公民报告卡的评分数据已经显示出满意度的显著提高；菲律宾则在多个领域推行了公民记分卡实践，公民对扶贫项目、社区项目、申诉系统以及首府地区9个城市的公共服务等进行打分评价；2002年，马拉维试行社区记分卡制度，它最为突出的特色是让社区村民参与到记分卡指标的设定过程中，首先组织村民讨论社区健康中心服务存在的问题，然后协助这些村民设计健康中心的评估指标，最后村民按照这些指标对健康中心的服务进行打分。①

第二，民意调查。民意调查被用来获知用户或者民众对政府及公共服务的满意度和评价。它使用的范围更加广泛，例如，对生活质量改善、农村地区灌溉设施、医疗卫生状况、城市道路和教育设施、政府采购和公共预算透明度以及政府腐败等领域开展公民满意度调查等。又如，柬埔寨社会发展中心就腐败问题对1513个城市和乡村成年人进行民意调查，印度公民意识运动组织入户调查小学生获取学校设施资源之间的差距，等等。

第三，社会审计。较之于前两种方式，社会审计是一种更加积极的社会问责方式，它寻求主动和深入地监控公共服务，并将公民对预算经费的监督扩展到对具体公共服务资金的监督，特别是市政工程和基础设施建设工程的监督，它具有多种形式。①由公民社会组织对市政项目进行社会审计。例如，巴基斯坦公民社会组织对公共服务外包的社会审计、萨尔瓦多对公路修建项目的社会审计、阿根廷对住房和土地政策领域的社会审计等。②推动公民与审计委员会协作的参与式审计。在菲律宾，公民社会组织与审计委员会进行协作式、参与式审计。③提高公民社会审计的能力。菲律宾、斯里

---

① 关于印度和马拉维的公民报告和公民记分卡详情，可参见：Samuel Paul, *Holding the State to Account: Lessons of Bangalore's Citizen Report Cards*, Public Affairs Centre, Bangalore, http://www.pafglobal.org/about-us/publications/Lessons_BRCs_7Oct05.pdf; World Bank, *Social Accountability in the Public Sector: A Conceptual Discussion*, *Working Paper*, No. 82, 2005。

兰卡和洪都拉斯等国的相关社会组织都致力于通过社会审计培训来加强公民的问责能力。①

参与式绩效监控能够针对特定的公共服务来对其质量进行专门的评估，能够更有针对性地将民众声音传达出来，以改善公共工程或者公共服务的质量，并加强社会参与监控的能力，从而形成有效的社会问责。

四、参与式地方治理的保障：国家与社会的协作

在发展中国家具体实践中，参与式地方治理的成效不尽相同。有的国家在推动政府问责以及提供优质的公共服务方面取得了良好的成果，有的则并无助于改善现有体制存在的问题。在印度，从1994年开始，班加罗尔地区推行了以公民报告来评估政府的公共服务，随后世界银行特别调查了贫民窟民众对公共服务和公共机构人员的满意度情况；1994年、1999年和2003年三次公民报告卡的评分数据已经显示出满意度的显著提高，表明了公民报告这一社会问责机制取得了积极的成效。同样在印度，在1992年"孟买骚乱"之后，地方政府曾经一度保持了强烈的兴趣来推动社会审计的实

---

① 关于民意调查和社会审计的详情，可参见联合国的研究报告：United Nation, ST/ESA/PAD/SSER.E/75, *Auditing for Social Change: A Strategy for Citizen Engagement in Public Sector Accountability*, via website of the United Nation, 2007, http://www.unpan.org/Portals/0/60yrhistory/documents/Publications/Auditing%20for%20Social%20Change.2007.pdf.

施,通过社会审计来改善配给体制曾经取得了非常好的成效。然而,由于后期缺乏政府的支持,社会审计最终沦为形式上的制度。①

因此,如何保障参与式地方治理的成效是一个核心的问题。目前,发展中国家的参与式地方治理实践主要有三个方面的推动力量,除了"透明国际"、世界银行和亚洲开发银行等国际组织之外,地方治理稳定的机制的建立和完善需要国家与社会这两种力量的积极协作。这种协作关系的达成不仅影响到公众参与机制的建立,还直接决定了公共参与机制的有效性。

对社会而言,公民和社团组织往往通过政策倡导等形式施加压力、推动参与式地方治理机制的建立,并在此后积极参与到社会问责的行动中。在这个过程中,成效取决于几个方面的因素。首先,公民社会组织的积极参与。除了印度的公共事务中心这样有名的组织之外,印度尼西亚的万隆治理研究所、巴西的妇女研究和倡议中心、马拉维的经济公正网络与南非的公共服务问责监控组织等都在社会问责中扮演了关键的角色。其次,媒体的利用及政策的倡导。在参与式地方治理中,公民以及各种社会组织能否有效地利用媒体,从而在政策制定过程中发挥积极的政策倡导作用,对社会问责的成效具有关键的作用。最后,社会与国家的建设性合作。在参与式地方治理过程中,社会不应采取与国家对抗的策略,这种关系不但无助于对国家产生影响,还可能会导致社会自身空间的收缩;同时,社会应主动加强与国家的沟通和对话,并在此基础之上与国家开展建设性的合作,并不断拓展合作的领域。

对国家而言,面对社会的公共参与和社会问责诉求,不应采取压制和冷漠的态度。首先,国家需要在现有制度架构下扩大公共参与的制度化渠道,有效地回应社会的公共参与和社会问责诉求,接

---

① 参见 World Bank, Social Accountability in the Public Sector: A Conceptual Discussion, *Working Paper*, No. 82, 2005。

受社会对公共权力的监督，改善公共服务。其次，国家还可以针对社会问责诉求启动内部的问责机制，从而增加社会问责的惩罚力量。再次，国家可以从内部主动地推动各种参与式地方治理机制的建立，包括信息公开立法和参与式预算改革等。最后，国家还可以创造有利于公共参与的政治和社会环境，包括推动地方的适当分权、公共信息的透明、公共参与渠道的畅通和社会组织的建立等等。

总之，在许多发展中国家，参与式地方治理已得到了相当广泛的实践，在国家与社会的协作下，多种具体的公共参与机制得以建立，提升了公民公共参与的能力，并使得公民能够更加有效地影响政府的政策，推动政府提供更加优质和均衡的公共服务。这对当前我国的参与式地方治理的实践具有一定的借鉴意义。在我国，经济增长方式的转变和政府公共服务职能的日益强化，使得政府不能再仅仅追求经济发展绩效；相反，如何有效地回应民意、如何恰当地处理社会诉求、推动政府问责已经成为关乎民众对政府的信任度和满意度的重要标尺。发展中国家参与式地方治理的经验告诉我们，通过建立制度化的公共参与机制以推动社会问责是一条可资借鉴的发展方向。本书后面几章将以发展中国家的经验作为对照，深入探讨参与式地方治理的中国经验，以期对现实和理论做出回应。

（作者：黄冬娅）

第二章

人大代表联系选民的广东经验
——以深圳人大代表联络站为例

人大代表与选民之间的联系是其代表性的重要基础。广东省作为改革开放的前沿地区，在加强代表联系选民的机制上也走在全国的前列。自2002年起，广东省深圳市在南山区南山街道的月亮湾片区就开始设立人大代表联络员和联络机构，并在2008年起逐渐向全市推广。随后，广东省各地也逐渐建立和完善人大代表联系选民的各种机制。广东省的经验表明，加强人大代表与选民的联系可以推动政府回应基层社区和特定群体的利益诉求，并有效缓和社会矛盾，促进社会和谐稳定。然而，也必须注意到，当前人大代表联系选民的机制还存在一些问题，需要进一步提高代表联系选民的积极性，提高代表的履职能力和专职人大代表的比例，并为代表履职提供更充分的保障。

一、人大代表联系选民实践的背景

《中华人民共和国宪法》规定，"全国人民代表大会和地方各级人民代表大会都由民主选举产生，对人民负责，受人民监督"①。《中华人民共和国全国人民代表大会和地方各级人民代表大会代表法》也明确规定，人大代表应当"与原选区选民或者原选举单位和人民群众保持密切联系，听取和反映他们的意见和要求，努力为人民服务"。"代表应当采取多种方式经常听取人民群众对代表履职的意见，回答原选区选民或者原选举单位对代表工作和代表活动的询问，接受监督。"② 然而，人大代表与选民之间的联系一直是我国人民代表大会制度的薄弱环节，许多人大代表很少联系选民，了解社情民意；而选民也往往难以联系代表，反映各方面的利益诉求。

近年来，为了加强人大代表与选民之间的联系，不少地方人大开展了一些探索，如设立人大代表联络站、工作室、活动室等代表联络机构，组织代表定期接见选民和向选民述职，等等。例如，2000 年，北京市东城区人大常委会制定了《人民代表述职办法》，要求每名代表在任期内至少向选民述职一次。③ 2003 年，济南市历

---

① 《中华人民共和国宪法》（1982 年 12 月 4 日通过，2004 年 3 月 14 日修正）。
② 《中华人民共和国全国人民代表大会和地方各级人民代表大会代表法》（1992 年 4 月 3 日通过，2010 年 10 月 28 日修正）。
③ 参见连廉《第一次向选民述职》，见人民网 http://www.people.com.cn/GB/14576/28320/35193/35208/2827026.html。

下区的泺文路社区设立了当地首家人大代表工作站，到 2008 年，全区的代表工作站发展到 25 家，接待选民 4000 多人次，解决选民反映的问题 1500 多件。① 2004 年，厦门市首次开展人大代表向选民述职活动，两位翔安区人大代表向近百名选民述职，述职结束后，选民还对代表进行了测评，并当场公布结果。② 2008 年，北京市首家人大代表工作站在海淀区清河街道的毛纺南小区成立，每月的最后一个周四上午都有人大代表到工作站"坐班"，接待选民的来访。工作站还聘请了许多联络员，深入各社区了解社情民意。③ 同年，温岭市也开始设立人大代表工作站，到 2013 年时，全市已建立代表工作站 45 个，开展代表活动 409 次，代表参与 3548 次，接待选民 378 批 1901 人次，向政府反映意见 281 条，解决问题 153 件。④

2012 年，党的十八大报告提出，"在人大设立代表联络机构，完善代表联系群众制度"⑤。2013 年，党的十八届三中全会通过的《中共中央关于全面深化改革若干重大问题的决定》要求，"通过建立健全代表联络机构、网络平台等形式密切代表同人民群众联系"⑥。2015 年的《全国人大常委会工作报告》也指出："密切人大代表同人民群众的联系，研究制定代表联系人民群众工作意见，

---

① 参见高鹏《站小舞台大——济南市历下区人大代表工作站四年来为民排忧解难》，载《山东人大工作》2008 年第 7 期。

② 参见《厦门市人大代表首次向选民述职》，见杭州日报网 http：//www.hangzhou.com.cn/20040101/ca534946.htm。

③ 参见潘笑天《代表与居民的"沟通桥"——探访北京首家人大代表工作站》，载《江淮法治》2009 年第 7 期。

④ 参见张学明《中国地方人大建设三题：成就、挑战及转型——以浙江省温岭市人大工作实践为例》，载《人大研究》2004 年第 6 期。

⑤ 中共中央委员会：《坚定不移沿着中国特色社会主义道路前进　为全面建成小康社会而奋斗——在中国共产党第十八次全国代表大会上的报告》，见新华网 http：//www.xj.xinhuanet.com/2012－11/19/c_113722546.htm。

⑥ 中共中央委员会：《中共中央关于全面深化改革若干重大问题的决定》（2013 年 11 月 12 日）。

推进全国人大代表履职平台建设,支持全国人大代表参加所在地方人大代表联络站(室)活动,广泛、直接听取群众意见,畅通社情民意反映渠道,更好汇聚民智。"① 中央对加强人大代表与选民的联系的重视,进一步推动了相关制度和机制的不断完善。

二、人大代表联系选民的机制在广东的发展

广东省作为改革开放的前沿地区,在加强代表联系选民的机制上也走在全国前列。例如,早在1999年,广州市荔湾区金花街道就设立了人大代表金花街联组工作室。2002年,深圳市南山区的月亮湾片区也开始试点设立人大代表工作站。下文将介绍代表联系选民机制在广东省各地的发展状况。

(一)深圳市人大代表联系选民机制的发展

1. 月亮湾人大代表工作站的建立

深圳市南山区南山街道设立的月亮湾片区人大代表工作站是深圳市最早设立的代表联络机构,也是全国历史最悠久的代表联络机构之一。月亮湾片区位于深圳市的南头半岛,由月亮湾和荔湾两个

---

① 全国人大常委会:《2005年全国人大常委会工作报告》,见新华网(http://news.xinhuanet.com/politics/2015lh/2015-03/19/c_1114695936.htm)。

社区组成。在改革开放初期,这里被规划为工业用地,聚集了一批印染厂、发电厂、木材厂等污染性工业企业。随着经济的不断发展,城市的规模也不断扩大,外延不断扩张,月亮湾片区也逐渐建起了包括太子山庄、南山花园、月亮湾花园在内的多个住宅小区,形成了工业区和住宅区混杂一起的局面。特殊的环境带来了许多治理的难题,总结起来为"五多":一是电厂多、烟囱多,空气污染十分严重;二是外来租户多,社会问题比较复杂;三是大型车辆多,交通违章、汽车尾气排放、乱鸣喇叭等问题较为严重;四是非法停车场多;五是黑恶势力多,治安问题面临严峻威胁。这一系列的问题都引发了当地居民的不满。①

2002年,深圳市政府决定在当地建设垃圾焚烧发电厂,长期积聚的社会矛盾一触即发。有的居民到政府上访,也有人采取拉横幅、静坐等手段以示抗议。为了平息事态,代表工作部门组织人大代表对居民反映的问题进行视察调研,与居民讨论并听取他们的意见,及时向有关部门反映。南山街道办也召开了座谈会,让社区居民和政府相关部门进行对话和沟通。敖建南是月亮湾片区太子山庄的业主,曾经多次参与维权活动,在当地享有很高的知名度,因而居委会也邀请他参加座谈会。在座谈会上,敖建南提议政府组织居民代表到其他地方的垃圾焚烧发电厂实地考察,看看垃圾焚烧发电对环境的影响有多大。政府很快采纳他的建议,组织他和一些人大代表、政协委员和其他居民代表到韩国、日本、澳门等地的垃圾焚烧发电厂进行考察。考察回来后,敖建南将他的见闻制作成12块展板,在社区里巡回展示。许多居民因而加深了对垃圾焚烧发电的了解,对发电厂的抵触情绪减少,最后发电厂建设得以顺利开工。②

---

① 参见邹树彬、陈文《构建和谐社区:深圳市月亮湾片区"人大代表工作站"个案研究》,重庆出版社2007年版。
② 参见邹树彬、陈文《构建和谐社区:深圳市月亮湾片区"人大代表工作站"个案研究》,重庆出版社2007年版。

通过这次事件，敖建南等社区居民了解到人大代表可以在反映社情民意上发挥作用，街道办的负责人也意识到建立与居民沟通的有效渠道对维护社会稳定的重要性。因此，敖建南向当时的街道办主任张联辉提出，以后有类似的事情发生，居民能否直接找代表们反映，让代表将居民的意见反映上去。张联辉主任当场答应，并邀请敖建南来当人大代表的联络员。①

> 问题解决后，我们觉得人大代表能发挥一些作用，就问以后有事能不能找代表，街道办主任就说可以呀，你来做个联络员吧。②

从 2002 年年底开始，敖建南等多名业委会主任或副主任被任命为市、区两级人大代表的义务联络员，负责把社区居民的意见反映给代表，并受代表的委托开展调研，再由人大代表以议案建议的形式将问题交由相关部门处理。经过一段时间的尝试，到 2005 年，月亮湾片区人大代表工作站正式挂牌成立，站内共有 13 名义务服务的联络员。③

人大代表工作站建立了比较完善的工作制度，白天由联络员轮流值班，晚上启用电话录音，做到突发事件快速反应不过夜、一般事务及时转办不过周、重大事情慎重研究移交办理不过月。工作站公开代表热线电话和电子邮箱，设有代表专用信箱，并定期安排人大代表与居民面对面交流。④

月亮湾人大代表工作站自成立以来成效显著，为当地居民解决

---

① 参见邹树彬、陈文《构建和谐社区：深圳市月亮湾片区"人大代表工作站"个案研究》，重庆出版社 2007 年版。
② 对深圳市月亮湾人大代表社区联络站联络员敖建南的访谈，2015 年 2 月 2 日。
③ 对深圳市月亮湾人大代表社区联络站联络员敖建南的访谈，2015 年 2 月 2 日。
④ 对深圳市月亮湾人大代表社区联络站联络员敖建南的访谈，2015 年 2 月 2 日。

了大量的问题。例如，2003 年，代表联络员向人大代表反映了月亮湾片区所存在的各种脏、乱、差现象，促使多名人大代表对此进行调研并向市长和区人大常委会提出相关建议，推动市、区两级政府开展整治行动，使得当地的环境有了明显的改善。2004 年，人大代表张联辉、姚正武在与居民座谈时了解到港湾大道改建所引起的交通拥堵问题，他们就此向区政府反映，促使时任区长叶民辉带队到现场办公并当即决定修建一条约 1 公里长的便道，方便了群众的出行，而这条路也因此被当地居民称为"民心路"。① 访谈时，代表联络员敖建南也列举了这些年来解决的许多大大小小的问题：

> 我们这些年来一共办成了 500 多件事，天大的事情也有，比如空气污染的问题，之前附近很多企业污染很严重，我们就去调研，发现很多企业都快倒闭了，我们就提建议让企业改迁。
> ……
> 我们附近有个小学，以前周围都是绿化带，家长接小孩没地方站，我们就组织代表来调研，写代表建议，问题很快就解决了。
> ……
> 有一次辅道上的瓷砖脱落，有个居民去找居委会，人家不理她，还说脱落还不是因为你们居民弄坏的，后来她来找我时眼泪都下来了。我说你怎么不来找我，我很快就给她解决了。
> ……
> 之前这条路是两车道，堵车很严重，我后来组织代表早上七点来视察，看看堵车的情况，媒体也报道了代表撑伞考察的事迹，后来就扩建到双向六车道了。②

---

① 对深圳市月亮湾人大代表社区联络站联络员敖建南的访谈，2015 年 2 月 2 日。
② 对深圳市月亮湾人大代表社区联络站联络员敖建南的访谈，2015 年 2 月 2 日。

此外，月亮湾的代表联络站还推动了许多社会矛盾的化解。南山区信访办的一名工作人员就曾表示，月亮湾片区的投诉少了很多，因为联络员们把矛盾解决在基层了。① 人大代表联络员敖建南也认为："现在很少上访了。群众有意见都来找我。有时候城管执法，他们就睡在地上，一大堆人来围观，后来大家都来找我，一定要到我这里。"②

然而，工作站的运转也遇到不少困难，特别是工作站日常活动的经费主要由联络员自行解决，完全依赖联络员的"觉悟"和热情，这给人大代表工作站的长期维持和推广造成了很大的障碍。③

2. 人大代表社区联络站在全市的推广

月亮湾人大代表工作站的成功经验受到了社会各界的广泛关注，多家媒体对此进行了报道，许多地方的人大干部和代表慕名前来考察学习，不少学者也纷纷前来调研。④ 2008 年 4 月，时任广东省人大常委会主任欧广源和时任广东省委副书记、深圳市委书记、市人大常委会主任刘玉浦到月亮湾人大代表工作站考察。欧广源在听完介绍后表示，"人大代表在开大会时积极履职，但在闭会期间的作用发挥得不够充分。南山街道月亮湾人大代表联络工作站为此探索了经验，值得全省推广"。刘玉浦也提出，"在全省推广前，南山区先行推广，总结经验后在全市推广"。⑤

2008 年 6 月，深圳市人大常委会办公厅出台《关于试行人大代表社区联络站的指导意见》，决定在全市开展人大代表社区联络

---

① 参见赵灵敏《月亮湾里维权精英的嬗变》，载《南风窗》2006 年第 4 期，第 18～21 页。
② 对深圳市月亮湾人大代表社区联络站联络员敖建南的访谈，2015 年 2 月 2 日。
③ 对深圳市月亮湾人大代表社区联络站联络员敖建南的访谈，2015 年 2 月 2 日。
④ 对深圳市月亮湾人大代表社区联络站联络员敖建南的访谈，2015 年 2 月 2 日。
⑤ 参见方兴业《欧广源在南山考察时表示月亮湾联络工作站经验值得全省推广》，见深圳新闻网 http://sztqb.sznews.com/html/2008-04/18/content_138523.htm。

站的试点工作。文件指出，"创新人大代表联系人民群众的形式、建立代表社区联络站是落实有关法律法规的举措，也是发扬人民民主、构建和谐社会关系的内在要求"。文件要求，人大代表"对于人民群众反映的问题要按照规定向有关部门反馈；要在工作中注意化解矛盾，为构建和谐社会、和谐社区做出自己应有的贡献"。[1]

在试点期间，每个街道设立 1～2 个代表联络站，可以挂靠在社区工作站，也可以设置在其他地点，并配有必要的办公设备。每个联络站至少有 3 名代表，区人大代表按照选区分配到各个代表联络站，市人大代表则由区人大常委会安排挂靠在某个选区，全国人大代表和省人大代表也可以参加活动。联络站设有专职和兼职的联络员，由社区工作站、居委会的工作人员或热心社区工作的小区居民担任。联络站的工作经费由各区财政根据实际情况拨给，每个联络员也有一定的岗位补贴。[2] 到 2014 年，深圳市共建成了 141 个人大代表社区联络站，遍布全市 6 个行政区和 4 个新区，1300 多名各级人大代表根据选区、选举单位或者工作单位的便利分别被安排到各个联络站开展工作。[3] 可以说，深圳市已经实现了代表联络站的全面覆盖。

3. 设立代表联络站的意义

人大代表社区联络站建立了代表与选民之间制度化的联系渠道，这对加强代表联系选民机制、促进人民代表大会制度的发展起到了非常明显的作用。首先，代表联络站使得人大代表联系选民、

---

[1] 参见深圳市人大常委会办公厅《关于试行人大代表社区联络站的指导意见》[深常办发〔2008〕45 号，2008 年 6 月 27 日]。

[2] 参见深圳市人大常委会办公厅《人大代表社区联络站组织方案》（2008 年 6 月 27 日）。

[3] 参见《深圳市人大常委会推进地方人大工作的探索》，见广东人大网 http://www.gdrd.cn/pub/gdrd2012/rdzt/rdxfz/xts/201312/t20131230_138659.html。

了解民意的成本大为降低。由于大多数的人大代表都是兼职的,没有工资,没有助理,履职时间很少,活动经费也非常有限,在这种情况下,即便代表有为民代言的意愿,也难以承担联系选民、了解社情民意的高昂成本。例如,人大代表杨剑昌需要利用自己的办公室来接访,这对大多数人大代表来说都很难实现,而且在绝大多数代表都难以联系的情况下,那些主动接访或公开自己联系方式的代表将会因大量选民的来电、来访而不堪重负。

(1)代表联络站的设立为人大代表联系选民提供了有效的渠道。通过定期在联络站或社区内人流密集的地方举办代表接访活动,组织人大代表进行视察调研或走访社区内的企业、单位和居民,联络站的设立使各级人大代表都可以更好地了解当地选民在各方面的利益诉求。例如,福田区人大自2012年以来,每年都举办3~4次人大代表与选民见面会,组织市、区人大代表分赴各个选区与选民见面,听取民意。活动开展两年来,代表收集到的选民意见多达6000多条,许多选民关心的实际问题得到了解决。[①] 罗湖区人大自2012年开始将每双月第二周的周六定为"人大代表进社区工作日",各代表联络站每到这天都要组织站内的人大代表进社区接访,或者开展视察、调研和走访活动,了解社情民意。这几年来,通过参加这些代表联络站组织的活动,罗湖区的市、区人大代表了解到很多基层选民关心的实际问题,如新南社区噪音扰民的问题、翠平社区路面不平整的问题、嘉南嘉北社区道路年久失修的问题、笋岗社区校园门口交通设施不完善的问题、坳下和笋西社区路

---

① 参见《1月8日,福田区人大开拓创新务实为民代言办事 与选民更近 与政府更紧》,见福田区人民代表大会常务委员会网站 http://www.szft.gov.cn/ft/rd/gzdt/xwdt/201401/t20140114_381795.html;《福田区人大不断探索民生解决之道 创新促办"微实事" 构建多元"新体系"》,见福田区人民代表大会常务委员会网站 http://www.szft.gov.cn/ft/rd/gzdt/xwdt/201406/t20140604_402325.html。

灯损坏的问题等等，这为他们更好地反映民意奠定了基础。①

而通过在每若干个社区设立一个代表联络站，每个联络站安排多名人大代表进驻的方式，不同的人大代表可以分工负责不同的区域，并以轮流值班的方式参加代表活动，这就避免了之前存在的反映民意的繁重任务堆积到个别积极的人大代表头上的问题。

此外，代表联络站的联络员还可以协助人大代表收集选民的意见和建议，并开展一些调研活动。例如，访谈时，月亮湾的代表联络员敖建南表示，"现在我们的人大代表都是兼职的，这是个短板，所以联络站就帮代表做很多前期调研，当代表的助手"②。同时，联络员还可以协助代表做很多行政的工作，如在小区内张贴活动通知、记录来访选民的意见、管理档案材料、起草代表议案建议等等。③ 这些都为代表履职提供了帮助。

（2）代表联络站的设立也为选民联系代表、向代表反映诉求提供了很多的便利。普通选民不认识人大代表、无法联系人大代表是中国人大制度经常为人诟病的一点。代表联络站设立以后，选民可以在定期举办的人大代表接访活动中当面向人大代表表达自己的诉求，提出各种意见和建议。在平时，有需要的选民也可以到联络站找联络员反映意见，由联络员记录并转交给代表。月亮湾代表联络站的联络员敖建南甚至做到手机24小时开机，周边居民有任何问题都可以随时向他反映。④ 有需要的时候，选民甚至还可以指定联络站中的某位代表，通过代表联络站约见代表反映意见。

---

① 参见深圳市罗湖区人大常委会《"人大代表进社区"制度化运作的工作实践与思考》。
② 对深圳市月亮湾人大代表社区联络站联络员敖建南的访谈，2015年2月2日。
③ 对深圳市××人大代表社区联络站联络员的访谈，2015年1月27日。
④ 参见邹树彬、陈文《构建和谐社区：深圳市月亮湾片区"人大代表工作站"个案研究》，重庆出版社2007年版。

（联络站）有个固定的场所，我们的代表都是兼职的，平时都很忙，选民要见我们怎么办？现在我们就轮流坐班。如果你要见哪个代表，就告诉联络站，他们就会协调，让代表来联络站，或者去他家。①

　　有的居民会专门点名要见哪个代表，特别是一些明星代表，他们知道这些代表能解决问题，那我们就会专门跟这个代表约时间，不一定是接访日。②

　　（3）代表联络站还加强了代表履行职责、反映民意的动力和能力。深圳市人大常委会要求，每名人大代表每年参加接访、走访群众一般不少于两次，参加联络站各项活动不少于四次。联络站要加强对人大代表进站活动的管理，对于代表不按规定参加活动的，每年年中和年末要在报告中向上级人大常委会反映。③一些联络站还开展代表述职活动，组织人大代表向选民报告一年以来的工作。这些管理措施所产生的压力能够推动人大代表更积极地履行职责。

　　此外，通过代表联络站这一平台，一方面，代表对基层的诉求和困难有了更多的了解，因而也可能更愿意去关心基层。访谈时，一位区人大的干部就提到："（联络站）使得代表更关心社区事务，更接地气。有个企业家代表以前只跟证监会打交道，基本不关心深圳的事情，不看深圳新闻。后来来了联络站后他说现在开始看深圳新闻了。"④另一方面，那些积极为民排忧解难的人大代表可以在社区居民中享有更高的声望，这有利于进一步激发代表履职的成就感和荣誉感。正如罗湖区人大常委会的一份报告所说："代表进社

---

① 对深圳市人大代表××的访谈，2015年2月11日。
② 对深圳市××人大代表社区联络站联络员的访谈，2015年1月27日。
③ 参见深圳市人大常委会办公厅《深圳市人大代表社区联络站工作办法》（2014年3月18日）。
④ 对深圳市××区人大常委会干部的访谈，2015年1月27日。

区为代表履职提供了途径和平台,代表通过为群众解决实际问题赢得信任,真实体会到如何履行职责,以及当代表的成就感、荣誉感,代表履职热情被激发和调动出来。"①

深圳市人大常委会选举任免联络工作委员会办公室副主任杨云彪也认为,人大代表对社区联络站工作的参与潜移默化地提升了他们的代表意识和履职能力。他表示,"刚开始时,代表去联络站参加接访、走访群众是被动的、被安排的,现在很多是主动的、自发的"②。由此可见,代表联络站的设立对深圳市人大代表的履职动力和能力都有积极的影响。

(4)代表联络站使得各方面的利益诉求可以通过人大制度的平台得到更为顺畅的表达。各级人大代表在联络站收集到的意见,可以通过市人大统一制发的《人大代表社区联络站联系函》向相关部门反映问题,属于区级部门办理的,由区人大代表提交,属于市级部门办理的,由市及市以上人大代表提交。有关部门在收到联系函后于一个月内负责办理答复,并将办理意见书面回复联络站。对于在联络站工作中发现的具有一定普遍性或者重大性的问题,人大代表还可以通过代表建议提出。③ 不少人大干部、代表联络员都认为,与其他渠道相比,代表联络站在反映社情民意上具有优势。

> 人大代表联络站是一个机制,解决政府对上负责、对下不负责的问题。我们现在是二级政府、四级机构(市、区、街道、社区),你把问题反映到社区,它不会向上反映,能捂着

---

① 深圳市罗湖区人大常委会:《"人大代表进社区"制度化运作的工作实践与思考》。
② 陈晓薇、屈宏伟:《人大代表闭会期间履职"忙"》,见深圳商报网 http://szsb.sznews.com/html/2014-01/23/content_2763848.htm。
③ 参见深圳市人大常委会办公厅《深圳市人大代表社区联络站工作办法》(2014年3月18日)。

就捂着,你反映到街道,它也不会报告给领导,说反映问题不是给领导添麻烦吗?你直接到上面去反映,那就是上访了。而且信访办也没权力,上次那个信访办副主任还跟我说,"我的权力还不如你大",他也得等领导批示。我们现在是换个马甲,有什么问题先调研,然后反映给代表,那就变成代表建议了。你不给我办,我就评议你,把你叫过来。①

我们社区也有综治维稳信访中心,一般居民没有指定找代表的,我们就通过信访解决。但是,信访只能解决街道和社区层次的问题,遇到区里或市里的问题,就只能去上访了。现在有了代表之后,就可以直接反映到市里。②

街道办主任只是正处级干部,去市里没人听你的,代表就不一样;而且代表还能协调各个部门,解决一些跨部门的问题。③

以往深圳市的人大代表绝大多数都只会在代表大会上提出代表建议,闭会期间提出的代表建议很少。代表联络站建立以后,大量的利益诉求可以在代表大会闭会期间及时地由人大代表通过联系函或代表建议予以表达,这就大大促进了代表功能的发展。

4. 加强人大代表与选民联系的其他形式

除了全面设立人大代表社区联络站,深圳市还通过代表述职等其他一些方式来加强人大代表与选民之间的联系。例如,自2013年起,深圳市人大代表需要向选举他们的区人大代表述职,接受区人大代表的监督和评议。又如,福田区人大开展的第一次述职活动

---

① 对深圳市月亮湾人大代表社区联络站联络员敖建南的访谈,2015年2月2日。
② 对深圳市××人大代表社区联络站联络员的访谈,2015年1月27日。
③ 对深圳市××区人大常委会干部的访谈,2015年1月27日。

即有 26 名市人大代表参与，其中 8 人进行口头述职。活动中，市人大代表们向区人大代表报告了他们出席人大会议、参加人大组织的各类活动、提出议案建议、与选举单位和选民联系的相关情况。报告完毕后，许多福田区人大代表还向市人大代表提出了不少尖锐的问题，包括政府预算看不懂、名校附近房价高涨、重大市政项目人大代表监督不够等等。最后，现场的 100 多名区人大代表对口头述职的市人大代表进行了评议，通过电子表决器给出"满意""基本满意"或"不满意"的评价。①

此外，一些区人大代表也向选民进行了述职。例如，月亮湾的代表联络站在 2014 年 8 月便举办了一次代表述职活动，邀请一名市人大代表和两名区人大代表向附近十几个小区的近 30 名居民代表述职，报告过去一年他们通过履行代表职责推动解决的一系列民生问题，例如，前海路太子山庄段拓宽、月亮湾花园综合整治、月亮湾大道安装隔音墙、港城路改造、棉山路开设公交通道、沿湖路改造、青青路改造等等民生问题；而居民代表在对各位人大代表的工作表示肯定的同时，也提出了许多新的问题，包括月亮湾花园旧改、诺德假日花园建设社康中心、前海路南山花园公交站人行道破损、港城路货柜车堆场影响交通、货柜车噪声扰民、高压线入地范围延长、西部通道加装隔音屏、飞机噪声扰民等等，并表达了希望代表能够帮助予以解决的诉求。②

人大代表述职活动的开展有利于加强原选举单位或选民对代表履职的监督和问责，并进一步畅通了民众向人大代表表达各方面的利益诉求的渠道；与此同时，这也有利于强化代表积极履职、反映民意的责任意识，使代表有动力和压力为原选举单位或选区争取利益。

---

① 参见周莉《深圳市人大代表述职，区人大代表打分》，见南方都市报网 http：//wen. oeeee. com/a/20130615/1064709. html。

② 参见殷红光《深圳市、南山区人大代表月亮湾述职获市民好评》，见深圳政府在线 http：//www. sz. gov. cn/cn/xxgk/qxdt/201408/t20140821_2549083. htm。

（二）广东省其他城市的人大代表联系选民机制的发展

近年来，广东省其他城市的人大代表联系选民机制也有了较大的发展。在广州市，到2013年年底，全市721个社区全部设立了人大代表联络站，并定期组织各级人大代表到社区接见选民的来访。广州市人大还在媒体上公布了部分代表的电子邮箱及其主要关注的领域，方便选民通过电子邮件与代表进行联系。此外，广州市还要求每位人大代表在任期内向原选举单位和选民述职一次，汇报自己的履职情况，接受原选举单位和选民的监督。[①]

珠海市香洲区人大将每月20日定为代表走访日，由各镇、街道按计划每次安排2～3名人大代表到基层走访，听取相关单位和群众的意见；同时，每年年底，各镇、街道还要组织代表履职座谈会，由人大代表报告履职情况。[②]

惠州市人大每年都有计划组织开展"人大代表进社区"活动，听取选民的意见和建议，并鼓励代表公开联系方式，通过持证视察、个别走访、民情热线、博客、微信等多种渠道了解社情民意。[③]

韶关市在105个乡镇、街道均设立了人大代表联络室，做到有人员、有场地、有设备、有制度、有活动，并对验收合格的乡镇给予一万元的奖励。[④]

[①] 参见广州市人大常委会《积极探索监督创新、发挥代表作用》，见广东人大网 http：//www.gdrd.cn/pub/gdrd2012/rdzt/rdxfz/xts/201312/t20131230_138661_2.html。

[②] 参见珠海市人大常委会《关于地方人大工作与时俱进的几点思考》，见广东人大网 http：//www.gdrd.cn/pub/gdrd2012/rdzt/rdxfz/xts/201312/t20131230_138657.html。

[③] 参见惠州市人大常委会《完善代表工作机制　充分发挥代表作用》，见广东人大网 http：//www.gdrd.cn/pub/gdrd2012/rdzt/rdxfz/xts/201312/t20131230_138674.html。

[④] 参见韶关市人大常委会《创新代表工作　充分发挥代表作用——韶关市人大常委会》，见广东人大网 http：//www.gdrd.cn/pub/gdrd2012/rdzt/rdxfz/xts/201312/t20131230_138672.html。

据统计，截至 2014 年 6 月，广州、深圳、佛山、韶关、潮州五个市已经实现了代表联络机构的全覆盖，并通过制定相关的规范性文件对代表联络机构的工作职责、组织方式、工作流程、人员设置、硬件设施和信息公开等做出具体规定。珠海、汕头、河源、惠州、东莞、江门、中山、阳江、湛江、茂名、肇庆、清远、揭阳、云浮 14 个市有个别县（区）或镇（街道）或村设立了代表联络机构。①

三、加强人大代表与选民联系的积极意义

人大代表与选民联系的加强提高了我国各级人民代表大会的代表性，畅通了社会上多元利益诉求的表达渠道，这对提高政府的回应性与缓和社会矛盾而言都是十分有利的。

（一）推动政府回应基层社区的利益诉求

基层社区的生活设施、道路交通、环境卫生、社会治安等问题都关系到民众的切身利益，因而也是民众利益诉求的主要来源。人大代表通过各种方式加强与选民之间的联系，有利于督促政府回应和解决这些问题。例如，深圳市的许多人大代表就通过人大代表社

---

① 参见黄晔《广东省各级人大设立基层代表联络机构的实践及建议》，载《人大研究》2015 年第 1 期。

区联络站的平台，帮助社区居民解决了大量的问题。如对于××社区居民缺乏文娱、体育的场所和设施的问题，在驻该社区代表联络站的市人大代表的争取之下，政府利用附近荒废的土地兴建了社区休闲广场，并向社区居民开放学校的运动设施，满足了社区居民休闲和运动的需要。

> 之前有居民反映社区里没有休闲设施，后来我们就找了片地，那是属于罗湖区的地，属于特区内，但是由龙岗区代管的，用铁丝网拦起来，都荒废了。我就建议他们把危房拆了，在那儿建一个社区休闲广场，现在每天都有几百人在那儿锻炼身体。还有，之前学校的运动设施都不开放，按照国家的要求是要对外开放的，我们就去了解情况，看看他们为什么不开放。他们就说担心有治安问题呀，而且开放了，设施耗损也会加快。后来我们就提出可以由社区和学校共建，通过民间团体有序进入，进行自我管理。羽毛球馆开放需要人来管，就低偿使用，其他都是免费的。①

而另一社区的市人大代表也推动政府解决了很多当地道路交通和生活设施上的问题。人大代表社区联络站的联络员在访谈中表示："之前我们盖了社区公园，但问题比较多。我们就组织代表过去看，很多都解决了。""肖幼美代表帮我们解决很多问题，以前我们这条路非常不平整，绿化带也没人打理，很乱，都是她反映后解决的。"②

对于一些涉及多个政府层级或部门的问题，往往容易出现互相扯皮的现象，使得民众诉求难以得到回应。对此，深圳市罗湖区通

---

① 对深圳市人大代表××的访谈，2015年2月11日。
② 对深圳市××人大代表社区联络站联络员的访谈，2015年1月27日。

过举行"人大代表进社区议事决事"活动,邀请市、区人大代表、相关部门负责人和社区居民代表共同议事,推动问题的解决。

例如,2014年,罗湖区人大代表王海龙在北站社区的代表联络点接访时了解到,北站路路灯被树木遮挡,到夜晚时漆黑一片,当地居民很多都不敢太晚回家,晚上也要结伴而行,骑自行车路过的居民也很容易摔倒,这给附近7个住宅小区3000多名居民的出行带来了很多的不便。王海龙代表将事情反映给罗湖区的相关部门,由于路灯管理属于市属职权,区城管局只能通过修剪树木来解决问题,但很快新长出的枝叶又再次遮挡了路灯灯光。为了彻底解决民众的诉求,北站社区人大代表联络点举办了一次议事决事会,邀请驻笋岗街道的部分市、区人大代表、市路灯管理中心负责人、区城管局负责人和部分社区居民代表参加,市、区人大的部分领导也出席了会议。与会人员实地察看了北站路路灯的情况后通过议事讨论,提出了解决方案:先由区城管局对树木再进行一次修剪,再由市路灯管理中心降低灯柱的高度,使灯光低于树木枝叶茂盛的位置,另外还在一些没有路灯的路段加建5根路灯,在6月底前完成工作。①

正如罗湖区人大常委会的一份报告中所说,"代表议事会这种模式,能充分调动代表的资源,来自不同层面的代表有能力将解决问题的平台扁平化,打破现有行政部门的条块分割,实现事半功倍的作用"②。

(二) 推动政府回应特定群体的利益诉求

许多市级人大代表通过提出议案、建议等方式为特定群体争取

---

① 参见邱洁《代表进社区议事决事路灯不亮,督办微信群场内场外互动》,见罗湖区人大网站 http://www.szlh.gov.cn/lhqrd/a/2014/e13/a262784_983750.shtml。
② 深圳市罗湖区人大常委会:《创新工作方式,促进人大职能归位》。

利益，促使政府回应他们的诉求。例如，深圳市的一名市人大代表就连续多年关注出租车司机的权益。为了推动政府解决出租车司机停车难、如厕难、吃饭难的"三难"问题，他连续多年提出相关的代表建议，要求政府部门提供固定的场所给司机停车、吃饭和如厕。然而，问题的解决并非易事。在访谈时，该代表就谈到其中的困难：

> 一开始问题没解决，他们去香港、广州这些兄弟城市调研，说解决办法是建的士驿站，但是特区内寸土寸金，交委说我们想建，但没土地、没资金。我想也没办法强求，人家也认真帮你调研了，就没说不满意了。后来我连续几年提都没解决，我就急了，我说我五年任期快到了，还没解决。我就想提询问案，领导也批了，约好了相关部门的人过来。后来他们说有的部门以前没接到你的建议呀，你询问什么呢？建议都是分配给某个部门负责办理的，有的部门不一定接到。我们"罗湖团"的团长、区委书记就跟我说，你提询问也不是想刁难谁，让谁下不来台，这样吧，你撤销询问案，我一定给你解决。后来我就把询问案给撤了。①

在这位市人大代表的多次督促下，相关的政府部门加大了工作力度。据该代表介绍，区城管局每次找到一块可能符合条件的地方，就邀请他过去调研，看看是否合适。在考察了十来个地方以后，才找到一个合适的地方，将一个自行车绿道上的驿站扩建为的士驿站，由专人管理，设有厕所和小卖部，有食品供应，还有临时停车位供出租车免费停车。不久以后，相关部门又找到一个原来是环卫公寓的内部食堂，将它变成第二个的士驿站，以便出租车司机

---

① 对深圳市人大代表××的访谈，2015年2月11日。

在那里停车和吃饭。①

（三）缓和社会矛盾

人大代表通过加强与选民之间的联系，还可以成为政府与民众之间的桥梁，进一步畅通双方沟通的渠道，从而促进社会矛盾和冲突的缓和。深圳市的许多人大代表就通过联系选民，化解了不少社会矛盾甚至是较大规模的社会抗议事件。例如，2014年，在得知深圳市地铁八号线可能采用磁悬浮高架轨道敷设的消息以后，八号线所经过的莲塘街道有许多居民感到十分不满，担心磁悬浮列车带来的磁场辐射会危害他们的身体健康，而且高架轨道也会造成噪音污染。为了抗议磁悬浮高架轨道的兴建，莲塘居民在许多住宅楼的外墙都挂出了大型的反对标语，并且连续多个周末都穿着印有反对口号的T恤衫，举着纸牌上街游行。罗湖区委、区政府曾组织地铁集团的代表与居民对话，试图释除居民的疑虑，但收效甚微。据罗湖区人大的一名干部所述，当时"来了400多人，完全没法对话，地铁公司的人说磁悬浮多么好，一下子就被人呛下去"②。

市人大代表肖幼美得知此事后，在人大代表的一个微信群里提出希望到当地视察，结果一下子就有26个人大代表报名，包括全国、市和区的人大代表。在5月31日代表视察当天，400多名居民来到街道办，跟代表们进行了对话。罗湖区人大的一名干部叙述了当时的情景：

> 当时代表只是想去看看，不知道居民哪里得到了消息，知道代表要来，那天有400多人挤满了街道办。后来他们敞开一

---

① 对深圳市人大代表××的访谈，2015年2月11日。
② 对罗湖区人大干部××的访谈，2015年1月27日。

条缝让代表进来，全场鼓掌。深圳的居民都很有素质，提的问题很有水平，有的说磁悬浮一建房价大跌，想卖都卖不出去，血本无归。有的质问为何媒体集体失声，为什么要出动防暴警察对付我们群众。代表回答得也很有水平，他们说我们是来代表你们的，我们不是媒体，不知道为何媒体不报道，我们也不是政府，不知道政府为何要出动防暴警察，但是我们会帮你们反映问题，你们也不要再上街了。群众不相信地铁公司的人，但会相信代表。①

对话结束后，市人大代表提交了《关于变更地铁八号线建设方案的建议》，并在6月5日约见了相关部门的负责人，听取他们的报告，反映居民的诉求。② 6月13日，深圳市地铁集团董事长林茂德在做客《深圳特区报》"民生面对面"栏目时表示，地铁八号线使用轮轨制还是磁悬浮制，会考虑老百姓的诉求、想法，目前还需继续研究。③ 6月14日，莲塘街道的"人大代表进社区"活动也围绕这一主题进行，由人大代表集中在莲塘岁宝广场接访民众。人大代表向居民介绍了5月31日的见面会以后的工作进展，并向现场的居民派发报道了地铁集团董事长答复的报纸。人大代表在活动中也继续听取来访居民的意见，并约定了日后继续沟通的形式。④ 8月26日，肖幼美代表在参加与市长许勤的早餐会时再次询问市政府对地铁八号线敷设方式的回应。陪同参加早餐会的市政府副秘书长徐安良当场表示：地铁八号线采用磁悬浮方式地面敷设是地铁集

---

① 对罗湖区人大干部××的访谈，2015年1月27日。
② 参见周建清《莲塘联组围绕缓解地铁八号线矛盾，组织开展代表进社区活动》，载《罗湖区人大代表活动季刊》2014年第3期，第22页。
③ 参见《深圳地铁集团董事长做客"民生面对面"》，见深圳特区报网站 http://ms.tetimes.com/meitifangtan_lb.asp?id=37。
④ 参见周建清《莲塘联组围绕缓解地铁八号线矛盾，组织开展代表进社区活动》，载《罗湖区人大代表活动季刊》2014年第3期，第22页。

团单方面的意愿,市政府并不认同。今后采用什么方式,将会再进行研究,并充分咨询公众再做决定。①

通过人大代表与莲塘居民、政府之间的反复沟通、对话,磁悬浮列车所引发的激烈冲突得到了缓解,许多居民在8月中旬已经撤下了住宅楼上悬挂的反对横幅。② 居民与地铁集团之间也建立了定期沟通对话的机制。③ 对此,罗湖区人大常委会的一份报告认为,"此次代表在莲塘的接访开创了代表直面群众、化解群体性事件的先河,为人大代表发挥群众代言人作用,沟通政府,以法治的思维解决群体性事件积累了经验"④。

另一名积极履职的深圳市人大代表也在联系选民的过程中帮助化解了不少社会矛盾。他曾多次代表出租车司机与派出所、交警和出租车企业工会协调,为司机争取权益,避免了矛盾的激化。⑤ 他还经常接受民众的来电、来访,帮助他们解决问题。

> 现在很多人打电话找我,来访的也很多,有些人还追着我们跑。比如之前媒体找我们开展接访活动,有个阿姨因为龙岗区拆迁的补偿问题来找我们。我们也帮她反映上去了,但是她那个问题比较难解决,因为房子不是她的,是她妈妈的,这个是历史遗留问题。后来她就追着我们跑,我们去另外一个区接访她也过来,但起码她不去闹访了。我们一直都说代表也不是

---

① 参见肖幼美、葛微《肖幼美代表早餐会上请问许勤市长地铁八号线问题》,载《罗湖区人大代表活动季刊》2014年第3期,第49页。
② 参见肖幼美、葛微《肖幼美代表早餐会上请问许勤市长地铁八号线问题》,载《罗湖区人大代表活动季刊》2014年第3期,第49页。
③ 对深圳市人大代表××的访谈,2015年2月11日。
④ 深圳市罗湖区人大常委会:《"人大代表进社区"制度化运作的工作实践与思考》。
⑤ 深圳市罗湖区人大常委会:《"人大代表进社区"制度化运作的工作实践与思考》。

万能的，不是什么问题都能解决，但是我至少保证每件事情都有回音。①

可以看到，各级人大代表通过加强与选民的联系，可以进一步畅通民意的表达渠道，在一定程度上提高政府对日益多元化的利益诉求的回应性，缓和社会矛盾，因而也促进了地方治理水平的提高。

四、人大代表联系选民的机制所存在的问题与对策

（一）存在的问题

需要指出的是，当前人大代表联系选民的机制仍然存在不少问题。

1. 不少人大代表缺乏联系选民的动机

动力机制的缺乏是人大代表长期与选民缺乏联系最为重要的原因。当前我国人大代表选举的竞争性有限，正如深圳市罗湖区人大的一份报告所指出，"代表不履职、不称职仍可当选的根本原因是代表选举的现实运作与选举法的背离。代表候选人的提名确定更多

---

① 对深圳市人大代表××的访谈，2015年2月11日。

由行政决定,选民民主参与度低,候选人向选民负责的意识缺失"①。在这种情况下,人大代表并没有太多的动机积极联系选民,反映民意,为选民提供服务,以争取选民的支持和连任。

此外,由于绝大多数的人大代表都是兼职的,并不以参政、议政为其本职工作,因而代表是否能够连任,与其个人的职业前途关系不大。因此,不少代表事实上并没太强的意愿来担任人大代表和积极履行代表职责,有的代表甚至因为其本职工作过于繁忙而不愿意继续担任代表职务。正如深圳市某人大代表社区联络站的一名联络员在访谈中所说:

> 有个学校的女教师代表就说太累了,下次不想做了。她平时上课就很忙,周末也要教学生,又要忙代表工作。她老公意见很大,让她别做了。②

在这种情况下,人大代表是否积极联系选民在很大程度上取决于其个人的责任心和热情,因此人大代表在联系选民的积极性上表现得参差不齐,在部分人大代表积极听取和反映民众诉求的同时,仍然有部分代表脱离选民,对社情民意漠不关心。

2. 人大代表普遍缺乏联系选民的时间和精力

缺乏足够的时间、精力是制约人大代表联系选民的重要因素。我国的人大代表绝大多数是兼职的,大部分的工作时间都需要用来从事其本职工作。因此,即使代表十分愿意与选民保持密切的联系,他们也很难抽出足够的时间。访谈中,在询问是否有专门的时

---

① 《创新工作方式 促进人大职能归位》,见广东人大网 http://www.gdrd.cn/pub/gdrd2012/rdzt/rdxfz/xts/201312/t20131230_138659_4.html。
② 对深圳市××人大代表社区联络站联络员的访谈,2015年1月27日。

间来接见选民的问题时，一名广东省的农民工全国人大代表就表示："我作为一个打工的，毕竟还得靠打这份工来维持一家大小六张嘴的生活，我没有这样的时间。"①

因此，在实践中，大多数的人大代表每年往往只能参加一次代表会议和若干次代表活动，而难以与选民保持密切联系，更难有足够的时间、精力来解决选民反映的诸多问题。

3. 人大代表联络机构的人员和经费不足

在许多地方设立的人大代表联络机构往往没有专职的工作人员，而是由街道办（乡镇）或居委会（村委会）的人员来兼任代表联络员。他（她）们在协助代表联系选民的同时，还需要承担很多其他的工作任务，为代表服务的时间、精力十分有限。此外，代表联络机构每年的经费通常也不多，只够开展若干次代表活动和为人大代表及其联络员发放少量补贴。

即便在经济比较发达的深圳市，上述问题仍然存在。如上文提及的月亮湾代表联络站的联络员敖建南，其在工作中所得到的补贴很少，这些年来，他自己还为此倒贴了不少钱，这充分说明经费的不足使联络站工作的顺利开展依赖于联络员的个人热情的实际情况。② 深圳市的各代表联络站虽然设有专职联络员，但实际上也是由居委会的工作人员兼任的，每月也只有几百元的补贴。③

代表联络机构缺乏专职的工作人员，会妨碍其功能的发挥，而且联络员由街道办（乡镇）或居委会（村委会）的工作人员兼任，也可能会造成身份的冲突。此外，经费的不足使代表联络机构能够开展的活动和为选民提供的服务十分有限，而人大代表及其联络员

---

① 对全国人大代表××的访谈，2010年3月26日。
② 对深圳市月亮湾人大代表社区联络站联络员敖建南的访谈，2015年2月2日。
③ 对深圳市××人大代表社区联络站联络员的访谈，2015年1月27日。

所获得的补贴或收入太少也很可能会对他（她）们履行职责的积极性产生不良影响。

（二）进一步加强人大代表联系选民机制的建议

1. 提高人大代表联系选民的积极性

我们应当从制度建设入手，完善人大代表联系选民的动力机制。首先，应当进一步完善人大代表的选举制度，依法保障选民或代表提名人大代表候选人的权利；确保实行差额选举，适当提高差额比例，用预选的方式确定正式候选人；提高选举的竞争性，增加代表候选人与选民或代表见面的次数，加强选民对候选人的了解；完善投票、点票的相关程序，确保选举的公平公正。人大代表选举制度的完善有利于选出更积极、更有能力的人担任人大代表，并使得代表有动机积极联系选民、反映民意以在下次选举中连任。其次，要提高代表工作的透明度，向社会公开人大代表的基本信息及其联系选民、出席会议、参加视察调研、提出议案建议等履职活动的记录，使得代表的履职受到社会的监督。在社会的压力之下，人大代表将更积极地联系选民，反映社情民意。最后，加大对人大代表联系选民的考核，对于积极联系选民的人大代表，应当通过评选优秀人大代表等方式予以奖励，并考虑在下次代表选举中继续推荐为候选人。对于与选民缺乏联系的代表，应当通过通报批评、在下次选举时不予提名乃至罢免其代表职务等方式予以惩罚。

2. 提高代表履职能力，提高专职人大代表的比例

第一，要加强对人大代表特别是新当选的代表进行履职培训，让其充分了解代表的权利、义务和履职方式，学习相关的知识，提高责任意识，使得他们的履职能力得到提高。第二，增加专职人大

代表的比例，实现人大常委会的全面专职化。专职人大代表可以有更充分的时间、精力来联系选民和履行各项职责，如更频繁地接待选民的来访，自主开展各种视察调研活动等，从而使得代表与选民之间的联系得以大大加强。

3. 为人大代表履职提供更充分的保障

第一，应当进一步加强对人大代表联络站的工作保障。要加大对人大代表联络站的财政投入，保证联络站有足够的运作经费。每个代表联络站都应当聘请若干名专职联络员，协助代表通过各种方式收集选民的意见、开展调查研究、安排代表活动以及承担各种行政任务。健全代表联络站的工作制度，所有选民的来访、来电、来信都应有专人记录和整理，并有完善的程序进行处理；人大代表接见选民及开展其他各类活动也应提前公告，吸引选民的参与。此外，各代表联络站还应该建立和完善电子政务系统，让选民可以通过互联网来反映意见和建议并更多地了解代表的工作。第二，要进一步加强对人大代表行使职权的保障，依法保障代表自主开展走访选民、视察调研等各项代表活动的权利，并为代表开展这些活动提供必要的经费支持，从而为代表与选民保持密切联系创造良好的条件。

（作者：陈川慜）

第三章

党的群众路线的广东探索
——广东省佛山市南海区干部驻点直接联系群众制度的尝试

群众路线作为中国共产党的生命线,指的是"从群众中来,到群众中去,将群众意见收集起来系统总结,又到群众中去做宣传解释,化为群众意见,使群众坚持下去,见之于行动"①。密切联系群众的主要方式即通过党员干部与群众同吃、同住、同生活,了解群众需求、加大群众宣传,建立与群众的血肉联系。

干部驻点联系群众作为中国共产党的一项干部工作措施和群众路线实践方式,从民主革命时期开始一直延续

---

① 毛泽东:《关于领导方法的若干问题》(1943年6月1日),人民出版社1953年版。

至今。

习近平在《在党的群众路线教育实践活动工作会议上的讲话》中强调，要把干部直接联系群众制度化①，从而在各个省份开始干部直接联系群众的探索。广东省根据党中央的指示和自身的工作实践进行探索，开创出干部驻点直接联系群众制度，其中以佛山市南海区最为典型。本文旨在探讨如何理解佛山市南海区干部驻点直接联系群众制度在党建和基层治理中的意义，在制度上的优缺点和如何改进的问题。

---

① 参见习近平《在党的群众路线教育实践活动工作会议上的讲话》，载《组织人事学研究》2013年第8期。

一、党史中的干部驻点联系群众

干部驻点又称为干部下乡,主要通过干部或干部组(工作组)进入基层,常驻一段时间来了解基层问题,解决基层发展的干部制度。由于笔者在本文中主要探讨的是县级及以下干部驻村或社区的问题,在此语境下,干部驻点又称为干部驻村、干部包村、干部下乡或工作组下乡,主要是通过下派干部及工作组至农村,以通过"密切联系群众,发现问题和解决问题"来实现党的群众路线。主要实现宣传和落实上级政策、完成上级任务、对口扶贫和发展经济、维持社会稳定的政治目标。

(一)干部驻点联系群众的起源

干部驻点作为群众路线的实践方式,自共产党产生便作为重要工具推动党的政治工作的开展。在民主主义革命时期,干部驻点便已经存在。王红亮的研究发现,早在1938年,中共苏皖豫鲁省委根据中央"抽调大批党员干部加强党的地方建设、建立抗日根据地指示",派周蓝田和中央特派员建立县委员会,发展党组织和武装抗日力量。1946年,象山区委按照县委指示,动员并抽调干部110人到村中开展工作,发展抗日力量和群众团体,开展土地改革和宣传党的政策。① 在随后的新民主主义革命和社会主义建设中，干部驻点发挥着重要作用。如土地改革时期、"三反"和"五反"运动、社会主义教育运动、"四清运动"乃至"文化大革命"时期，干部驻点都在发挥着主要作用，是政治宣传、阶级斗争和社会运动的主力军。

（二）变迁中的干部驻点

改革开放以来，随着"经济建设为中心"取代阶级斗争，村民自治取代人民公社，干部驻点的职能也在发生变化。村民自治取代人民公社后，国家权力机构从农村中撤离，导致国家对农村的控制能力和汲取能力日益下降。干部驻点更多的是帮助村干部完成上级的行政任务——收税和计划生育政策执行；干部驻点也在扶贫和发展农村经济上发挥重要作用，通过部门包村、领导包村的方式帮助贫困村庄发展经济，同时在维稳方面发挥重要作用。

干部驻点对现代基层治理具有重要意义。干部驻点作为群众路线的重要方式，自党建立以来便发挥着重要作用，并作为干部联系群众的重要实践途径保留下来，使党与人民保持密切联系。然而，中国共产党作为执政党，党的干部直接联系群众制度、干部驻点对国家治理同时产生着深远影响。在政党国家体系内，不仅存在韦伯意义上的科层制，在各级党组织与政府之间也存在广泛联系，干部驻点作为跨越科层制来实现党的意志和政府治理目标的手段，对现代国家治理具有深远意义。以下将从国家治理中的国家能力建设来探讨干部驻点的意义。

笔者根据党和政府对干部驻点赋予的不同政治目标将历史上的

---

① 参见王红亮《新制度主义视角下部门包村干部驻村问题研究》，曲阜师范大学2008年学位论文。

干部驻点分成三种类型：改善委托代理的运动式驻点、完成上级行政任务的直接干预型驻点和合作发展型驻点，不同类型的社会驻点，因主导者、参与者和被主导者对其态度各不相同，而对当时的基层治理产生对应的影响。

1. 改善委托代理式驻点

威权体制的核心问题是中央统辖权与地方治理权的关系。周雪光认为，中央统辖权体现在中央政府自上而下推行其指令、在资源认识上统辖各地的权力；地方治理权指的是地方按照处理具体问题的可行性解决实际问题的能力。中央统辖权的提升意味着权力的集中，即增强中央的权威，但会影响治理的有效性；同时，地方治理权的提升会提升治理效力，但却会削弱中央权威，也即"一收就死、一放就乱"的悖论。当作为中央的代理人——地方政府违背中央权威和意图时，运动式治理的驻点方式便作为一种手段，通过政治动员的运动性方式和渠道贯彻落实自上而下的政策意图，即暂停科层制，以政治动员来纠正科层制问题，采用大张旗鼓、全面动员的方式，将中央意图和信号在短期内传递到地方，灵活地从个案出发，达到以儆效尤的目的。[①] 从而达到调整威权体制和有效治理矛盾的目的。

运动式治理主要存在于国家对社会改造有强烈的抱负或面临强大的绩效合法性压力时。冯仕政认为，国家对社会改造有强烈的抱负或面临强大的绩效合法性压力时，由于国家基础权力弱小，不能通过制度化、正规化、专业化手段实现改造社会的目标，而国家的专断权力过大，采用激进手段无须获得社会同意，因此大多采取运

[①] 参见周雪光《威权体制与有效治理：当代国家治理的制度逻辑》，载《开放时代》2011年第10期。

动式治理来达到治理目标和治理绩效。①

干部驻点（工作组驻点）作为运动式治理的主要组织方式，代表中央意志走进基层，发动群众来打破基层官僚体制，树立中央权威。在运动式治理中，核心手段即中央通过发动群众运动的手段来解决地方官僚体系对中央权威和意图的扭曲。中央直接下派干部驻点基层，也作为其中的主要组织手段来实施这一任务。李红喜的研究表明，在"社会主义教育"运动中，向城市机关、国有企业事业单位和广大农村下派工作组驻点来领导、推进和监督社教运动，是运动的主要推进形式，社教工作队也是确保国家意识和政策得到有效贯彻的基本力量②；余希朝对"四清运动"中村支部书记徐师范的研究表明，在"四清运动"中，作为核心力量的工作组是如何通过发动群众、树立典型以及通过打击基层官僚来树立社会主义意识形态和中央权威。③

2. 直接干预型驻点

国家在扩张其财政汲取能力时并非一帆风顺的，会受到来自社会的反对和抵抗。地方政府利用上级权威和强制权力，以临时性、非制度化的手段，通过工作组驻点的方式完成税收，虽然扩大和提升了国家财政收入状况，获得社会服从，但并未促进国家财政汲取能力的提升。

分税制后的地方税收面临困境。任宝玉对国家"财政下乡"主题的研究表明，在人民公社时期，由于实现"政社一体"的村庄治

---

① 参见冯仕政《中国国家运动的形成与变异：基于政体的整体性解释》，载《开放时代》2011 年第 1 期。
② 参见李红喜《干部下乡：国家向乡村渗透的组织路径》，华中师范大学 2008 年学位论文。
③ 参见余希朝《"里外不是人"："四清运动"中的农村底层干部》，中共中央党校 2010 年学位论文。

理模式，村庄作为经济实体而存在，而个人在村庄中不享有经济自主权，所以国家在税收上直接面临的是公社而不是个人；同时，公社作为一级政治组织，执行"先国家、后集体"的原则，在征税上不存在问题。20世纪80年代后，人民公社解体，取而代之的是村民自治委员会和社区。农村实行土地承包制改革，税收的对象开始从集体公社变为个人和家庭；同时，随着分级包干财政改革的实行，使得乡镇政府作为一级独立的财政机构在自身利益的驱动下，一定程度上加大了对农村的财政汲取。① 作为自治组织的村委会虽然代替地方政府征税，但村委会作为村民自治组织，在法理上是村庄代理人和保护人的角色，没有理由积极推动征税工作；同时，宗族与乡土社会使得村委会没有动力推动征税工作。乡镇政府主要通过干部驻村的形式来完成征税任务。

干部驻村是乡镇政府完成征税和计划生育等行政任务的主要行政方式。张传玉的研究表明，选拔"狠人"干部、干部包村责任制、绩效考核以罚为主的考核方式是完成征税、计划生育等强制性政治任务的主要方式。② 由于包村干部的主要工作目标是汲取财政和完成上级任务，与村民利益完全相反，大多采用强制手段实施，造成基层政府与社会的对立，并引发群众大量上访和农民抗税的社会抗争。

在这一过程中，地方政府为了获取财政收入，通过非制度化的方式提升自身汲取能力的基础性权力，然而这种汲取能力的形成并非基于政府与社会的有效协商，而是完全取决于精英阶层的意志。因此，虽然政府的财政收入得到大大加强，但通过干部驻点征收这种非制度方式来提升财政汲取的方式，在事实上并未提升作为基础

---

① 参见任宝玉《"财政下乡"：农村基层政府财政合法性问题研究》，华中师范大学2007年学位论文。

② 参见张传玉《从管治到服务：乡村关系的转型》，华中师范大学2007年学位论文。

权力的汲取能力，还带来了大量的社会抗争。

3. 合作发展型驻点

改革开放以后，国家工作重心从阶级斗争转向经济发展，经济开始成为乡镇和农村发展的主题；陆学艺对"三农"问题的提出使得农业、农村和农民三者成为社会关注的重点①；周黎安对官员治理模式和地方经济发展的研究发现，官员的晋升锦标赛治理模式是推动地方经济发展的主要动力②。地方政府对农村的关注点也越来越多地转移到经济发展上，同样受晋升锦标赛的官员治理模式影响，以干部包村来扶贫和发展经济的模式成为这一时期的重点。张传玉的研究表明，在农业税改革后，乡镇干部驻点农村的工作重心也从征税转向服务农民和发展经济。③

这时形成了以干部包村为主要形式的经济发展模式。李继任的研究表明，领导干部和政府职能部门通过包管指定村庄来推动村庄经济发展；同时，领导干部和部门对村庄经济的带动程度也成为其考核的标准之一。然而，在执行过程中，农村经济的发展主要依靠干部和政府职能部门为村庄争取的更多资源为依托，一旦包村任务结束，资源撤走，村庄经济便繁荣不再。在李继任的研究中，H村通过旅游局的主导，获得了大量资金来发展旅游业，推动当地经济发展；但这种发展依赖于旅游局的资源输出，一旦资源中断或枯竭，经济便会停滞或倒退。④

党的十八大以来，为响应中央号召，进一步落实共产党的群众

---

① 参见陆学艺《三农论》，社会科学文献出版社2002年版。
② 参见周黎安《中国地方官员的晋升锦标赛模式研究》，载《经济研究》2007年第7期。
③ 参见张传玉《从管治到服务：乡村关系的转型》，华中师范大学2007年学位论文。
④ 参见李继任《部门包村：国家治理乡村的路径选择》，山东大学2009年学位论文。

路线并实现密切联系群众的宗旨,各地纷纷进行了一系列群众路线实践探索,尝试在新时期以新的方式加强党和人民群众的密切联系,保持党的活力并有效推进基层治理。在广东省,地方党政机关在推进群众路线实践中做了诸多努力并形成了具有地方特色的群众路线实践模式,主要表现在佛山市南海区的干部直接联系群众制度方面。

二、干部直接联系群众的佛山市南海区案例

改革开放和市场经济推进中产生的诸多问题,需要通过群众路线来进行治理。改革开放以来,随着市场经济的推进和意识形态的厘清,国家和社会越来越认识到经济发展在一个国家中的重要位置,中国共产党也将"以经济建设为中心"作为党和国家在社会主义初级阶段的基本路线。改革开放和市场经济的推进,带来了国家经济的快速发展,极大地提高了人民的生活水平,推动了市场经济和城市的发展。

经济的发展也带来了诸多挑战,在基层党建和社会治理中出现诸多问题。首先,贪腐问题严重。党的十八大以来,随着反腐败的推进,广东地区查处了大量贪污腐败问题,仅2015年就有170名厅级以上官员落马,如肖滨描述广东地区的贪腐状况,"粤西以买官卖官为主、粤东以卖地为主、珠三角以官商勾结为主,粤东粤西又通过卖地后疏通关系向珠三角转移",这反映了广东地区腐败问

题的严重程度。① 其次,党和国家的基层公民政治参与渠道有限。珠三角地区作为中国经济最发达的地区之一,拥有活跃的民营经济和大量私营企业,他们是地方政府的纳税大户。随着市场经济的发展和公民社会的兴起,私营企业主和社会发展的联系日益密切,同时对政治参与的愿望越来越强烈。原有的政治参与渠道和政府主导的政经发展模式已经不能满足新兴的私营企业主的政治参与愿望,党和地方政府需要创造出更多的途径来促进企业主对地方政治的有序参与。最后,民意民情难以畅通表达,社会矛盾多发。由于国家基层治理存在诸多不规范、不合理问题,导致基层社会问题频发,时常出现社会抗争事件,需要党和政府对基层社会有更加深入的了解,以改善基层治理状况。

党和国家领导重视群众路线。习近平在《在党的群众路线教育实践活动工作会议上的讲话》中强调,要把干部直接联系群众制度化。② 提出在全国开展群众路线教育活动中,政府应鼓励各地将干部联系群众的做法制度化。2014 年 5 月 24 日,时任中共广东省委书记胡春华参加南海区常委班子民主会,提出要在南海区镇街建立干部直接联系群众制度。③

1. 经济发展中的基层党建的背景

广东省佛山市南海区地处改革开放前沿的珠江三角洲经济圈,作为该地区经济发达的区域之一,2014 年全区生产总值为 2373.08

---

① 参见张鸣《广东反腐迎小高潮:副市长跳楼 明日之星被查》,载《中国新闻周刊》2016 年 4 月 8 日。
② 参见习近平《在党的群众路线教育实践活动工作会议上的讲话》,载《组织人事学研究》2013 年第 8 期。
③ 参见周志坤、盛正挺《广东全面推行干部驻点"直联"群众制度》,载《南方日报》2014 年 10 月 23 日。

亿元，比2013年增长了8.7%，当地常住人口人均GDP为89432元。① 在经济发展当中，南海区私营企业发达。根据第三次全国经济普查的主要数据显示，截至2013年年末，南海区拥有17696家私营企业，占该区企业总数的69.1%。② 快速的经济发展为南海区带来了大量社会财富，促进了当地城市建设，但同时也造成了一系列问题，如基层治理落后、基层党组织涣散、党和人民群众开始产生距离，导致政府的决策不能很好地服务人民群众，难以满足人民群众的需求。

2. 南海区率先开始干部直接联系群众制度的探索

2014年7月1日，佛山市南海区启动镇街领导驻扎村居联系群众制度。南海区党委要求在南海区下属所有镇街开始实行镇街干部以固定的驻点团队、定期于每周二下午驻扎到特定的村居中，选取固定的办公场所接待群众，针对群众提出的问题一一记录，现场能够解答的给予解答，不能够给予解答的上报给上级部门进行协调处理。③

2014年8月中旬，南海区开启"区、镇街、村居委会"三级党政部门联动参与干部直接联系群众制度，由区委对驻点联系群众工作进行指导，镇街直接负责，村居委会作为主体进行配合。三级之间形成资源互动协调机制，简称为"三级联动"。同时，南海区还主张"全面联系"群众制度。驻点团队划分片区，要求覆盖整个区域内的所有群众；对于前来的群众不能筛选，必须一一接访；驻

---

① 参见南海区统计局《南海区2014年国民经济和社会发展统计公报》，2015年5月19日。
② 参见南海区统计局《南海区第三次全国经济普查主要数据公报（第一号）》，2015年6月16日。
③ 参见南海区委组织部《广东召开建立乡镇（街道）领导干部驻点普遍直接联系群众制度工作部署会全省推广直联制南海做经验介绍》，2014年10月27日。

点团队要走访所在片区的所有群众,每年至少走访一遍;驻点工作不仅要包含村居民,作为私营经济比重接近70%的地区,还要驻点联系企业,同时也要驻点联系在私营企业务工的外来人员,真正做到全覆盖。①

在随后的发展中,南海区在干部驻点联系群众制度方面继续深化驻点制度的改革,丰富驻点制度的形式。如在人员上引入共青团组织、党代表、人大代表、政协委员以及驻村法官、检察官、警官、律师,运用多层次人员的参与带动"大直联";在驻点工作中进行创新,不断提升驻点质量。例如,在驻点工作中采用任务清单,明确规定驻点的任务、驻点的内容、负责人和截止时间,提高驻点效率;采取主题化驻点形式,在某一时期对某一核心议题进行深入了解和探讨,有计划、有目标地解决某核心问题,切实做到密切联系群众,解决群众所遇到的问题。

3. 干部直接联系群众制度的影响

佛山市南海区干部直接联系群众制度作为广东地区最早开始进行群众路线的实践地区,干部直接联系群众的实践工作取得了一定的影响力。第一,为群众解决了生活中的问题。截至2014年10月14日,南海区共驻点15期,收到6479条问题,接待群众10947次。其中,现场解决1241条问题,村委解决2116条问题,镇街协调解决2918条问题,区级部门协调解决185条问题。② 群众对驻点工作也有较好的评价。例如,三水区村民陈建良向驻点团队镇党委书记反映村路太窄且两边是池塘故容易出事故这一多年难以解决的问题,在驻点干部考察以后很快得到解决,切实为群众解决了问

---

① 参见南海区委组织部《广东召开建立乡镇(街道)领导干部驻点普遍直接联系群众制度工作部署会全省推广直联制南海做经验介绍》,2014年10月27日。

② 参见周志坤、盛正挺《广东全面推行干部驻点"直联"群众制度》,载《南方日报》2014年10月23日。

题。第二，获得上级党委部门的关注。佛山市南海区干部直接联系群众制度作为广东省群众路线实践的实验点，取得了积极成效。2014年10月8日，时任广东省省委书记胡春华在党群总路线教育实践总结大会上，主张在全省推广干部驻点普遍直接联系群众制度。随后，广东省省委办公厅印发了《关于建立乡镇（街道）领导干部驻点普遍直接联系群众制度的意见》，明确其他市、区要学习推广干部直接联系群众制度。南海区作为干部直接联系群众制度的典范，吸引了各市、县单位来此学习。第三，获得媒体的关注，在全国产生了影响力。随着南海区干部驻点联系群众制度作为群众路线实践的典范在省内推广，南海区也获得大量媒体的关注。不仅有《南方日报》《珠江时报》等本土媒体的报道，也有《人民日报》等中央媒体的相关报道。

三、南海区干部直接联系群众制度的目标、特征和探索

1. 干部直接联系群众制度的目标

干部直接联系群众主要有两个目标：密切联系群众和加强基层党组织建设。[①] 经济快速发展和城市化进程导致基层治理和组织化建设的衰弱，一方面体现在基层公共服务上。改革开放以来，党和

[①] 参见南海区委办《关于进一步深化驻点普遍直接联系群众制度的意见》，2015年4月13日。

国家的工作重心从政治转移到经济上、从农村转移到城市，各地党和政府部门也将注意力更多地集中在招商引资和经济发展上，基层党组织缺乏对群众基本情况和民意的了解，使得部分政策没有体现出基层人民的需求。没有向群众充分宣传党的政策，使得民众对某些政策有误解，党和人民群众的关系有疏离的迹象。另一方面体现在基层党组织涣散，亟需强化党的基层堡垒建设。中国共产党作为一个群众性政党，需要依靠基层组织和党员来加强党与群众的密切联系。然而，目前基层党组织却面临涣散问题，如入党把关不严、党组织缺乏凝聚力而无法发挥统筹作用等；在基层政权组织的调整中出现"强组弱村"的现象，合并后的村无法对原有村组进行资源调配，导致村委会弱化，无法在基层治理中发挥应有的作用。干部直接联系群众制度主要以"掌握社情民意、解决社会矛盾、宣传政策法规和加强基层党建"为任务①，重新建立党与人民群众的密切联系，加强基层党组织的建设，共同改善基层治理现状。

2. "干部"主体多元

在南海区干部直接联系群众制度的实践中，关于联系群众的主体——干部，从纵向上看，主要指的是村干部、镇街干部和区干部这三级党政部门的领导干部；从横向上看，除了党政直属部门领导干部，还包括了人大代表、政协委员、共青团组织人员、妇联组织人员、法官、检察官、警官、律师，配合党政部门共同作为主体参与到干部驻点联系群众中。

（1）"1+2"的"三级"干部驻点。①镇街干部驻班联系群众。2014年7月，佛山市南海区开始进行镇街领导干部驻扎村居中的尝试，通过长期驻班的形式联系群众，帮群众解决问题，这被视

---

① 参见南海区委办《关于进一步深化驻点普遍直接联系群众制度的意见》，2015年4月13日。

为广东省干部直接联系群众的开端。其具体做法是在佛山市南海区所有镇街实行领导干部驻班制,即镇街领导干部以固定的团队、在固定的时间内驻扎到固定的村庄,以创新的方式("三固定一创新")来了解和解决群众日常生活中的问题及诉求。① ②"三级"干部联动联系群众。2014 年 8 月中旬,南海区党委在镇街干部驻班联系群众制度的基础上,进一步推出了"1+2"模式。即除了原有的镇街干部驻村外,还将联系群众的主体向上推到区级领导干部,向下推到村居干部。在联系群众制度中,区级领导干部负责驻点、镇街领导干部实行驻班制、村干部负责日常联系群众,由此形成三级干部直接联系群众制度。②

(2) 多部门、团体共同参与驻点。在干部直接联系群众制度的探索当中,南海区党委根据自身实践的需求不断进行制度创新。在以党政直属部门为基础的干部直接联系群众的基础上,党委部门邀请其他机关、团体共同参与干部驻点联系群众,听取群众诉求、解决群众问题,达到服务群众的目的。具体来讲,除了党政直属部门的领导干部参与驻点联系群众外,南海区还邀请了人大代表、政协委员、工会、共青团组织、妇联组织以及"三官一师"(法官、检察官、警官、律师)共同参与到干部驻点中。

(3) 不同部门、干部间的角色定位。南海区党委对不同层级的领导干部、不同部门、社团在直接联系群众制度中的角色和地位有着相对明确的划分。2015 年 4 月 13 日,南海区党委出台了《关于进一步深化驻点普遍直接联系群众制度的意见》和配套文件,较为明确地规划不同层级和部门的领导干部在直接联系群众制度中的角色和地位。具体有两个特征。①以镇街干部为直接联系群众制度的

---

① 参见南海区委组织部《广东召开建立乡镇(街道)领导干部驻点普遍直接联系群众制度工作部署会全省推广直联制南海做经验介绍》,2014 年 10 月 27 日。

② 参见南海区委组织部《广东召开建立乡镇(街道)领导干部驻点普遍直接联系群众制度工作部署会全省推广直联制南海做经验介绍》,2014 年 10 月 27 日。

核心。在多层次驻点联系群众工作中，镇街领导干部是驻点工作的核心，是直接责任承担者；区委是第一责任人，主要负责督导街镇党组织的驻点活动、指导相应部门的驻点方案、促进不同部门之间的协调、推动各种资源下沉；村党组织承担主体责任，主要负责驻点前的准备活动和信息收集、驻点中配合上级部门工作、事后落实政策方案。① ②以党政为中心的多团体配合。在干部驻点联系群众制度中，党政部门是活动的主体，其他部门和社会团体主要是借助自身专业优势，参与干部驻点联系群众活动，协助党组织推动联系群众活动的开展。具体来讲，工会、共青团、妇联主要以各自领域的活动项目来辅助党政部门驻点活动；党代表、人大代表、政协委员主要是结合党员履职、人大代表履职和政协委员履职参与进来，通过定期轮流值班的形式参与到驻点团队中，推动驻点活动；法官、检察官、警官和律师主要结合日常工作和群众需求，为驻点团队提供专业咨询服务。②

3. 驻点联系对象全覆盖

在干部驻点直接联系群众制度的实践中，南海区根据自身的工作时间提出"驻点联系对象的全覆盖"，即包括普通居民，还有企业、社会人才。南海区作为珠三角地区的核心区域，以制造业著称并拥有大量的私营企业、外来务工人员、高端人才，这些群体和普通居民一样也是城市发展和干部直接联系群众实践中的重要联系对象。

因此，南海区党委出台的《关于进一步深化驻点普遍直接联系群众制度的意见》和配套文件，规定干部驻点必须落实"户联系和企业联系"，对企业和外来人口加强联系，实行联系群众的全覆盖。

---

① 参见南海区委（区府办）秘书一科《中共佛山市南海区委员会印发〈关于进一步深化驻点普遍直接联系群众制度的意见〉及配套文件的通知》，2015年4月13日。
② 参见南海区委（区府办）秘书一科《中共佛山市南海区委员会印发〈关于进一步深化驻点普遍直接联系群众制度的意见〉及配套文件的通知》，2015年4月13日。

同时，区党委还出台了《关于建立区领导驻点直接联系重点企业与高端人才制度的实施意见（试行）》《关于进一步深化直接联系企业工作的意见》和《关于进一步深化直接联系职工群众工作的实施意见》的文件，进一步明确了干部联系群众的范围和方式，做到对不同社会群体的全覆盖。①

4. 驻点内容的多样化

（1）干部直接联系群众的基本模式和工作内容。干部直接联系群众的基本方式包括两种：一种是干部驻村（居）直接联系群众，另一种是干部直接联系企业。首先，在干部直接联系群众中，主要方式为定期接待群众，即由镇街部门领导作为主要负责人和其成员组成固定的驻点团队，在固定时间（南海区为每周二下午）驻扎到村社接待群众，面对面接访前来的群众，听取群众意见、解决群众问题；对群众诉求要逐一约见谈论，对于重点群体要主动访谈。其次，建立"双联系"制度。要求区领导、区直部门和镇街领导团队要联系3~5个家庭，村委会干部要联系5名村民，了解他们的需求，并为他们提供服务。再次，全覆盖走访。驻点团队要对辖区内的居民分片走访，保证一年内对辖区内的所有居民走访一次。最后，重点关注。对于发生重大变故和重大困难的群众，要及时走访，帮助他们解决生活上的困难。②

（2）建立民意数据库。干部直接联系群众最核心的目的就是要了解民意、民情，只有这样才能在党和政府的决策中体现民意，保持党与群众的密切联系。佛山市南海区提出要建立社情大数据，完善民意收集体系。民意大数据要以现有的行政服务和信访维稳等数

---

① 参见南海区委（区府办）秘书一科《中共佛山市南海区委员会印发〈关于进一步深化驻点普遍直接联系群众制度的意见〉及配套文件的通知》，2015年4月13日。
② 参见中共广东省委办公厅《关于建立乡镇（街道）领导干部驻点普遍直接联系群众制度的意见》，2014年10月15日。

据为基础，结合驻点联系群众中收集到的民意和民情，构建出更加完善的社情民意大数据库。具体来说，在驻点联系群众过程中，驻点团队要重视民意收集信息的处理规范。首先，在接访中要注重对信息进行记录，形成"一事一账"制度，确保接访信息的完善。其次，在走访群众中，要建立"一户（企）一卡"制度，对居民和企业的具体信息和困难有详细记录，对重点对象要建立专册来记，确保信息全覆盖。再次，增强信息处理和报表制度。加强信息的"周汇总、月分析"机制，注重对信息的大数据处理。同时，还要加强区委、镇街驻点团队向上级部门的信息回报，以帮助党政部门依据民意做出恰当的决策。①

（3）解决群众问题。解决群众生活中的问题是干部驻点联系群众工作的一部分。解决问题大体上经过以下几个流程：对于当场能够回答和解决的问题，当场解决；对于当场不能解决的问题，如需部门解决的，形成记录后上交驻点领导，不能解决的移交镇街级部门处理，镇街级部门无法处理的移交给区级部门处理，区级部门无法处理的召开研讨会，并形成处理结果反馈给群众。大体流程如图3－1。

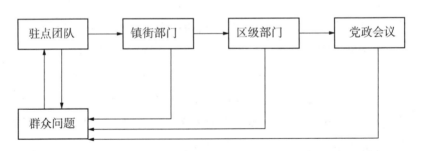

图3－1 解决问题流程

---

① 参见南海区委（区府办）秘书一科《中共佛山市南海区委员会印发〈关于进一步深化驻点普遍直接联系群众制度的意见〉及配套文件的通知》，2015年4月13日。

5. 干部直接联系群众的形式创新

（1）实行计划清单管理。为增强干部直接联系群众的效率和有效性，防止形式化，南海区党委加强对驻点团队驻点工作的管理，主要通过计划清单来管理驻点团队的驻点工作。南海区政府在出台的《关于进一步深化驻点普遍直接联系群众制度的意见》文件中明确规定，在驻点工作中，驻点团队要结合驻点地区的实际情况制订其工作的任务清单，每年为驻点单位制订"一计划一分工"两份清单，即驻点的目标和计划，以及各个部门各个时间段的任务分工；同时，文件也对驻点工作进行统一的要求，每个驻点团队都要完成"八个一"规定工作，即"完成一轮全面走访、组织一项专题调研、策划一场群众活动、推动一件民生实事、宣讲一批政策热点、问询一次意见建议、参加一次组织生活、为党员上一堂党课"。驻点团队还要积极邀请"两代表一委员""工青妇""三官一师"共同参与驻点，通过发挥社团组织和专业人士的专业技能，通过项目服务和专业服务来共同实现任务清单中的目标。[①]

在实际工作中，南海区的具体任务清单对工作项目、工作要点、责任单位和完成时限都有了较为具体的规定。例如，在《关于进一步深化驻点普遍直接联系群众制度的意见》文件的附件中，对"强化制度和规范保障"的任务清单做出了规定，详见表3-1。

[①] 参见南海区委（区府办）秘书一科《中共佛山市南海区委员会印发〈关于进一步深化驻点普遍直接联系群众制度的意见〉及配套文件的通知》，2015年4月13日。

表3-1 强化制度和规范保障的任务清单①

工作项目	工作重点	责任单位	完成时限
建立三级督考机制	出台驻点评考机制	区党委联部	2015年6月前
	形成考评方案,建立团队考评清单	镇街党工委、区直属工委	2015年6月前
	月度、季度抽查,结果回报各级党委	各级党联、纪检部门	2015年全年
	驻点团队向村代表述职、群众满意度评测	组织部门、党联部门	2015年12月前
完善动态培训机制	驻点团队定期培训、动态交流	党联部门	2015年6月前
	组织驻点领导、团队联络员、村书记三个示范班	区组织部、区委党联部	2015年6月前
	驻点联系工作轮训	镇街组织部、党联部门	2015年全年
加强规范化管理	制定并统一驻点联系制度规范	区党联部	2015年4月前
	完善规范化建设	区镇党联部门	2015年上半年

（2）推广主题式驻点。为更好地推进干部直接联系群众工作有针对性地联系和服务群众,《关于进一步深化驻点普遍直接联系群众制度的意见》建议各个驻点团队应该根据当地情况制定相应的驻点主题,集中在某一核心议题上来落实驻点工作。具体来讲,区党委和各镇街要指导驻点团队设定年度工作主题、季度工作主题和月度工作主题。驻点单位应结合驻点地情况和上级部门的规划来决定

---

① 笔者根据《关于进一步深化驻点普遍直接联系群众制度的意见》文件中驻点部门任务清单进行整理。

主题,既要广泛联系群众,通过面对面的询问、调研和问卷来了解群众的声音和诉求,又要结合上级部门和任务清单的规划,体现出驻点联系群众既要反映民意又要落实党的政策宣传的目的。[1]

6. 干部直接联系企业制度的探索

佛山市南海区作为珠三角经济圈的核心城市之一,私营经济是当地支柱,也是当地经济和社会发展的核心。私营经济提供了大量的就业岗位,吸纳了大批外来务工人员,同时也为政府提供了大部分财税收入,已经成为当地社会发展不可或缺的一部分。因此,佛山市南海区干部直接联系群众制度也强调对企业、社会人才和外来务工人员的联系,并出台了具体的做法和措施。

(1)明确规定企业、高端人才的定位。佛山市南海区委在2015年4月出台的《关于进一步深化驻点普遍直接联系群众制度的意见》等配套文件中,对企业和社会人才做了较为明确的规定,将他们纳入干部驻点联系群众制度的服务对象。在《关于进一步深化驻点普遍直接联系群众制度的意见》中,将"企业联系"和"户联系"放在同等重要的地位。文件要求做到驻点联系的全覆盖,其中一点就强调干部驻点联系对象不仅应该包括村居的群众,还要包括当地企业,企业也是干部驻点重要的联系对象;同时,政府还出台了《关于建立区领导驻点直接联系重点企业与高端人才制度的实施意见(试行)》《关于进一步深化直接联系企业工作的意见》《关于进一步深化直接联系职工群众工作的实施意见》等文件,把联系企业放在与联系村居民同等重要的地位上。[2]

(2)干部驻点联系企业的做法。干部驻点联系企业和高端人才

---

[1] 参见南海区委(区府办)秘书一科《中共佛山市南海区委员会印发〈关于进一步深化驻点普遍直接联系群众制度的意见〉及配套文件的通知》,2015年4月13日。

[2] 参见南海区委(区府办)秘书一科《中共佛山市南海区委员会印发〈关于进一步深化驻点普遍直接联系群众制度的意见〉及配套文件的通知》,2015年4月13日。

的实践活动,强调区领导直接联系重点企业、高端人才(国家"千人计划"、南海区高层次人才、创新创业团队带头人等)、"两新"组织①,关心企业和高端人才的需求,为企业传递政策,帮助企业解决在发展过程中所遇到的问题。其主要做法是以区领导加团队的形式,区领导任组长,成员由相关职能部门成员组成,结构相对稳定,重点联系本区域的重点企业(如北斗星企业等)、高端人才和"两新"组织。对于重点企业,驻点的工作重心在于了解企业发展中遇到的问题和困境,向企业传达政府的政策规划和文件,让企业对政府的工作和服务进行反馈和评价;对于高端人才,驻点的工作重点在于关心他们的工作和生活,听取他们对政治、经济和社会发展的意见和建议、宣传区域发展状况、政府会议精神和人才发展措施;对于"两新"组织,驻点的工作重点是帮助"两新"组织内部建立健全基层党组织,加强基层党建发展,同时争取组织负责人和出资人对党组织工作的支持和理解,推进党在"两新"组织的党建工作。②

(3) 干部联系企业的制度化建设。干部直接联系企业的过程中,要不断加强对本土企业、扶持领域的企业的支持,重点围绕"北斗星计划""雄鹰计划"等民营企业的发展计划进行服务,向企业宣传本区的扶持计划和政策,为企业发展中遇到的问题提供建议。在干部直接联系企业过程中也应该借鉴干部驻点联系群众的方式,推动联系企业的制度化。①要强化干部直接联系企业的职能。在镇街干部驻点的工作中,对其团队加入直接联系企业职能,由每个团队负责与1~2家重点企业进行联系。②建立定期联系的机

---

① "两新"组织指的是"新经济组织、新社会组织"。"新经济组织"主要包括在工商部门登记的非公有制经济控制的企业法人单位和个体工商户,涉及民营科技企业、外商投资企业、个人独资企业、合伙企业、公司制企业以及其他类型的私营企业等。

② 参见南海区委(区府办)秘书一科《中共佛山市南海区委员会印发〈关于进一步深化驻点普遍直接联系群众制度的意见〉及配套文件的通知》,2015年4月13日。

制。对重点企业,每月至少通过电话、网络和邮件联系一次,每季度至少走访一次。③建立驻点议事制度。根据联系企业所遇到的问题,如果涉及重点企业发展的问题或企业的集中诉求,要召集相关部门进行商讨和协调。④建立及时回复制度。凡是企业书面提出的问题都要进行回复,能当场回复处理的及时解决,不能当场解决处理的转交相关部门协调办理。⑤建立考核机制。驻点团队要做好日常记录,以此作为对驻点团队考核的依据;区经贸部门不定期对其工作进行检查,并听取企业的反馈意见。①

（4）干部驻点联系外来务工人员。佛山作为珠三角地区私营企业最发达的区域之一,吸引了大批外来务工人员前来就业,他们在推动社会经济发展的同时也作为社会的重要组成部分参与到日常政治、经济活动中,是城市不可或缺的一部分。党和干部直接联系群众的实践活动中,也十分重视对外来务工群体的联系。区领导引导商会和协会积极联系外来务工人员,同时在外来务工人员聚集区设立 23 个驻点,为外来务工人员提供服务;选取 22 名外来务工人员担任 21 个村委党组织成员,充分发挥直接联系外来务工人员的作用②,帮助外来务工人员解决工作和生活中遇到的问题,促使其尽快融入城市中来。

7. "两代表一委员"和社会团体等人士的驻点工作

在干部驻点联系群众过程中,主要以党政机关的干部为核心。但在联系群众的驻点工作过程中,"两代表一委员"、工青妇团体、"三官一师"也被邀请参与到干部驻点工作中,和党政干部驻点团队共同推动驻点工作。在驻点工作中,不同团体各有其职能定位。

---

① 参见南海区委（区府办）秘书一科《中共佛山市南海区委员会印发〈关于进一步深化驻点普遍直接联系群众制度的意见〉及配套文件的通知》,2015 年 4 月 13 日。
② 参见南海区委组织部《南海区"三谈双联三固定"推进直联工作》,2014 年 11 月 3 日。

（1）工会发挥"黏合剂、润滑剂和催化剂"作用。村（园区）工会主席要纳入镇街驻点团队的固定成员中，积极收集基层工会中存在的问题以及职工存在的困难、问题和建议；每个月固定与驻点团队进行联系，了解工会、职工中存在的问题，并与镇街总工会和相关部门沟通联系并共同解决遇到的问题。工会的工作重心在于了解基层工会和职工存在的困难和问题，要善于利用网络工具和APP收集职工问题和建议并及时反馈，及时和驻点团队、镇街总工会沟通；同时，要和"工青妇"团体、驻点团队一起为村居社区、工业园区提供公益服务。①

（2）共青团发挥党的助手和后备军作用。在干部驻点工作中要发挥党建带团建，带动青年力量促进驻点活动。共青团要从大学生干部、青年干部、青年企业家、青年党员、青年义工、青年社工和大学生中选取优秀青年加入干部驻点团队，协助驻点团队开展群众工作；同时，要采取多种艺术手段向青年宣传党的政策和文件，共青团还要发动青年社会组织参与社区义务活动，为村居、社区提供义务服务。②

（3）妇联发挥联系妇女、家庭和女性精英的作用。妇联作为党委政府和群众之间的桥梁纽带，应该积极收集民意、关注社区内女性和家庭中存在的问题。村居妇联应该制订年服务计划，积极收集妇女儿童和家庭的问题和困难，为驻点资源的投放提供建议；要积极宣传、解释党和政府部门的政策和文件，与驻点团队一起及时处理遇到的问题。同时，妇联要善于利用249个村居妇女之家和社区儿童活动园地、5个小候鸟驿站等载体，为辖区内的妇女儿童和家

---

① 参见南海区委（区府办）秘书一科《中共佛山市南海区委员会印发〈关于进一步深化驻点普遍直接联系群众制度的意见〉及配套文件的通知》，2015年4月13日。
② 参见南海区委（区府办）秘书一科《中共佛山市南海区委员会印发〈关于进一步深化驻点普遍直接联系群众制度的意见〉及配套文件的通知》，2015年4月13日。

庭积极提供公益服务，协助驻点团队联系群众。①

（4）党代表发挥驻点联系群众的主体作用。党代表作为党的群众路线的实践者，应该在干部驻点直接联系群众中发挥应有的作用。2015年6月，南海区党委出台了《关于深化南海区党代表大会代表驻点普遍直接联系群众工作的意见》，对党代表驻点联系群众的地位和具体做法做出了规定。指出党代表应该将自己定位为干部直接联系群众的"驻点团队的有力补充、解决问题的抓手、联系群众的关键点、提升效率的有效保证"②。党代表在具体驻点活动中，根据其层级参照区直属部门、镇街部门驻点制度的规定，将其编排到驻点团队中，参与具体的驻点工作；党代表在驻点工作中，更要突出自身的主人翁和主体意识，体现党员代表的身份，积极主动地参与驻点活动。党代表履职工作要和党代表履职考核结合，"代表每两个月至少参加一次驻点活动，每半年召开一次党代表团会议，每年以个人或团队名义提交一份提议和提案，每年接受一次驻点工作的考评，考评结果作为党代表履职的重要考核依据"③。

（5）人大代表发挥驻点联系群众的法律政策宣传作用。人大代表在参与干部驻点直接联系群众的过程中，要结合人大代表履职和人大代表工作站工作，借助干部驻点团队工作平台获取更多与群众联系的机会。人大代表参加驻点团队的驻点工作要以区委的驻点团队为主体，采取就近原则，协助驻点团队做好驻点工作。人大代表在履职过程中要密切联系人大代表的履职活动，与人大代表工作站的工作相结合，开展接待和走访选民、群众的工作。人大代表应将

---

① 参见南海区委（区府办）秘书一科《中共佛山市南海区委员会印发〈关于进一步深化驻点普遍直接联系群众制度的意见〉及配套文件的通知》，2015年4月13日。
② 南海区党委：《关于深化南海区党代表大会代表驻点普遍直接联系群众工作的意见》，2015年6月29日。
③ 南海区党委：《关于深化南海区党代表大会代表驻点普遍直接联系群众工作的意见》，2015年6月29日。

驻点中的问题进行记录和整理并交付有关部门处理，有关部门必须在一个月内给出答复；对于重大、普遍性的问题，人大代表可以将其整理成代表意见或建议交付人大常委会或人民代表大会，由相关部门进行处理。同时，人大代表可以建议人大常委会组织专门调研，解决群众中的重大问题。①

（6）政协委员干部发挥驻点联系群众的团结协商作用。政协委员参与干部直接联系群众的驻点活动时，应该结合政协专委会、街道党工委和委员界别组进行驻点，发挥政协委员对社会群体的团结、民主协商和建言献策作用。具体的做法是政协及其党支部应每月开展一次驻点活动，开展"三个一百"实践活动（走访一百名委员、一百家企业和一百个村居），发挥政协委员的委员界别组作用，在基层解决各个社会群体的需求和问题，化解社会矛盾；政协专委会要确立驻点团队和驻点目标，重点关注民生领域、社会热点领域等重要问题，积极开展调研和座谈工作，为党政部门解决问题建言献策，推动民主协商的新形式；镇街政协工委会应该在自己辖区内进行网格化划分，由两到三名政协委员组成联系组负责某一特定区域，保证政协对区域内群众的全覆盖；政协委员界别组要结合自身工作和界别的优势，在18个界别领域固定联系群众，开设"委员议事厅"引导民众探讨民生发展问题，化解基层问题和矛盾。政协界别组还应该定期开展公益活动，为社会群体提供公益服务，强化与人民群众的联系。②

（7）"三官一师"干部发挥驻点联系群众的法律服务作用。"三官一师"驻村联系群众是依托在基层社会治理法治化的基础之上的。为了推进法律服务体系建设和基层治理法治化建设，南海区

---

① 参见南海区党委《关于进一步深化人大代表直接联系群众工作的意见》，2015年4月13日。

② 参见南海区委办《关于进一步深化政协委员直接联系群众工作的实施意见》，2015年4月13日。

颁布了《关于构建公共法律服务体系推进基层社会治理法治化的实施方案》，在村居内为村民提供法律和司法服务，即让法官、检察官、警官和律师长期驻村，为居民提供普法工作和专业法律服务，促进基层社会问题的解决进入法制化渠道。在干部直接联系驻点工作中，"三官一师"的驻村工作要和区驻点直接联系群众的团队进行对接，重点做好维稳村、"软弱涣散村"的驻点工作；"三官一师"驻点团队要和直接联系群众驻点团队的工作相配合，共同做好村居的法律服务工作；"三官一师"团队应该根据年度工作计划和驻点当地的问题发挥专业知识优势，推动驻点地村民的问题解决。[1]

四、干部直接联系群众的保障机制

干部直接联系群众是党和政府在新时期群众路线的实践，通过激活党与人民群众的密切联系来巩固党的根基，推动党的基层建设和国家基层治理。在这一系列干部驻点实践活动中，需要党和政府通过政策文件、人力团队和资金进行配套支持，从而确保干部驻点联系群众能够成为一项长久的、制度性的联系群众活动。在广东地方治理的探索中，佛山市南海区根据实践中的经验提出了一系列配套方案，保证干部直接联系群众能长期维持下去。

---

[1] 参见南海区委（区府办）秘书一科《中共佛山市南海区委员会印发〈关于进一步深化驻点普遍直接联系群众制度的意见〉及配套文件的通知》，2015年4月13日。

1. 政策保障

2014年，佛山市南海区作为广东省干部直接联系群众的试点地区，允许南海区进行一系列干部联系群众的政策和制度尝试，为广东省党的密切联系群众和干部直接联系群众制度探路，这使南海区在党联系群众的制度创新上有了足够的自主权，可以根据制度设计和实际情况进行尝试和探索。南海区根据自身的探索尝试，在2015年4月出台了《关于进一步深化驻点普遍直接联系群众制度的意见》等一系列配套文件，其中对干部驻点的主体、客体、驻点方式等都有了一系列详细的规定。明确了以党政干部为核心的干部驻点活动中，"两代表一委员""工青妇""三官一师"等社会团体如何在其中发挥作用；同时，也对驻点联系群众的任务清单、责任和监督机制有了较为明确的规定，在制度和文件上为干部驻点联系群众提供了保证。

2. 经费保障

干部驻点联系群众制度的探索作为一项制度创新，需要经费的保障。一方面活动本身的开展需要经费的支持，另一方面基层问题的解决也需要经费的投入。对此，南海区政府的相关文件中规定，驻点活动的经费来源主要有两部分：一部分是政府专项预算，即将驻点工作的经费列入专项政府财政预算；另一部分是区管党费。人大代表参与驻点活动属于代表履职的一部分，所以，代表的工资补贴由其原单位提供，无固定收入的代表由政协人大根据情况补贴。同时，文件还规定，"区直属党组织重点推动资源下沉，提供人、物和财的支持"[①]，为干部驻点中的具体问题的解决提供经费支持。

---

① 参见南海区委（区府办）秘书一科《中共佛山市南海区委员会印发〈关于进一步深化驻点普遍直接联系群众制度的意见〉及配套文件的通知》，2015年4月13日。

3. 制度化趋向

干部驻村联系群众作为共产党群众路线和联系群众的一部分，自共产党成立以来就一直在采用，但其主要职责根据各个时期的不同需求有所调整，如政治宣传、整治动员、"三反""五反"、计划生育、收税和扶贫等，只是作为一项政策工具来协助党和政府落实当时的政治工作和政治任务，但任务完成后相应的措施就会发生改变，因此，"干部驻村联系群众"的工作方式虽然在共产党的发展历史中长期存在，却没有形成一种有效的制度机制。佛山市南海区在干部直接联系群众实践中的最大创新点在于将该项活动制度化：通过"三固定"，即固定的驻点团队、固定的驻点时间、固定的驻点地点来接待群众；通过"三级联动"，即确保驻点活动中将区级党政干部、镇街党政干部和村干部共同调动起来，区级党政干部主要负责督导镇街党政干部的驻点，镇街党政干部负责定期驻村了解和解决问题，村干部负责日常问题的处理。在联系群众中，还要求"三谈"，即群众来访时面对面谈、群众诉求一一约谈、重点群体主动约谈。通过以上措施，确保干部驻点联系群众有着足够的制度化保证。[①]

4. 人力保障

干部驻点活动中，为了强化三级机构的共同参与和联动，驻点活动在三级机构中分别设立办事机构。在区一级党政部门设立党联部，由区委副书记担任负责人；在镇街党政部门设立党联办，由镇街副书记担任负责人；在村居设立党联室，由村居委书记担任负责人，负责人统筹协调各项资源，相互保持密切联系。在日常驻点

---

① 参见南海区委组织部《南海区"三谈双联三固定"推进直联工作》，2014年11月3日。

中，采用多主体联动的驻点联系群众模式。以党政领导干部和工作人员为核心，组成"负责人＋团队"的驻点团队，党政领导与其团队外加"两代表一委员""工青妇""三官一师"一起协作，根据工作需要发挥专业人士的专业知识，在驻点活动中为群众解答或解决生活中所遇到的问题，提升驻点联系群众的质量和效率。①

五、干部驻点联系群众的监督考核机制

干部驻点联系群众作为共产党成立以来就一直采用的一项联系群众的方式，在党的历史上发挥着重要的作用，如政治宣传、政治工作、经济工作等。但在历史的驻点工作中，也不乏有流于形式的个案。例如，在李继任的研究中，上级干部驻村扶贫，主要依靠定点帮扶部门向扶持村庄输入政策和经济资源帮助该村经济得到暂时发展，一旦任务结束、资金停止，村庄即重新返贫。② 在干部驻点联系群众活动中，如何保证驻点联系群众不是流于形式的、劳民伤财的活动，切实能够反映问题和解决问题，这就需要在制度设计上对驻点活动的评价和考核有较为详细的规定，以保证驻点联系群众活动的实际效果。

---

① 参见南海区委组织部《南海区"三谈双联三固定"推进直联工作》，2014年11月3日。

② 参见李继任《部门包村：国家治理乡村的路径选择》，山东大学2009年学位论文。

1. 三级机构在驻点中承担不同的责任

在驻点联系群众制度中，首先，要强化的是镇街的主体责任。干部驻点直接联系群众制度强调区、镇街和村委三级机构的共同参与，镇街处于核心部门，对驻点工作负主体责任，镇街党工委主要负责人承担对驻点工作的首要责任。对此，要求镇街领导每月至少开一次会来进行专题研究，探讨干部驻点中所出现的问题，提高驻点质量。其次，要强化首办责任。即驻点团队在受理一件案件时，就要承担起责任，将这个案件一直办理下去直到结束。再次，要强化村居的承办责任。村居要主动负责驻点前的准备活动和信息的收集、驻点过程中主动配合驻点团队的工作、活动结束后负责具体工作的落实。最后，要落实区级领导干部的督导责任。区级领导干部要在驻点过程中加强对驻点团队的指导和监督，注重对驻点团队的考评。①

2. 建立分层考核机制，强化考核结果效力

根据党组织的组织结构和上下级关系，干部驻点联系群众制度的评价考核实施分级分层考核。区委党联部考核镇街和区直部门，镇街党工委考核村委和驻点团队，区直属部门党工委考核区直属部门的党组织，主管部门要对驻点团队进行按月、按季度的检查；考核应该将重点放在计划清单的推进、指标落实和群众满意度上；驻点团队要向村居代表进行述职报告，让群众对驻点团队进行评分。最后，要强化考核结果的效力。督导考核的结果将纳入绩效考核指标体系，同时将驻点团队的驻点工作作为党委部门培养和考察干部

---

① 参见南海区委组织部《广东近2万名乡镇（街道）领导干部组团驻村直接联系群众》，2015年1月6日。

的重要途径。①

3. 信息公开透明化

为了更好地发挥干部驻点联系群众制度的作用，提高活动的效率，南海区不断提升信息的公开透明化，以方便群众获取信息、加强对驻点活动的监督。其主要做法有以下三种：①团队信息上网，即在网上公开驻点团队的信息，方便群众进行查询；②联系卡进村居，即驻点团队将自己的联系方式制成卡片，并在接访和走访时送给群众，方便群众直接联系或监督驻点团队；③开通监督电话，开通对驻点团队的监督电话，方便群众对驻点团队的工作进行评价，对驻点工作进行质询和监督。②

4. 健全工作台账制度

为加强对干部驻点联系群众工作的评估和考核，各个驻点单位在驻点过程中要做好驻点日志，同时对接待访民均要详细记录，并要做好双台账本记录。①采用专用的《南海区直部门党组织驻点工作日志》记录本，做好对日常驻点工作的纸质台账记录；②采用"南海区机关党务综合应用管理系统"，做好对日常工作的电子系统纪录。所有的工作和开支都要采用两种系统同时记录，保证工作记录和信息日后可查，这也是评价驻点团队的重要依据。③

---

① 参见南海区委办《关于进一步深化驻点普遍直接联系群众制度的意见》，2015年4月13日。

② 参见南海区委办《关于进一步深化驻点普遍直接联系群众制度的意见》，2015年4月13日。

③ 参见南海区委办《关于进一步深化驻点普遍直接联系群众制度的意见》，2015年4月13日。

六、干部直接联系群众制度的启示和问题

（一）南海模式与历史上的干部驻点比较

南海区干部直接联系群众制度作为新时期党的群众路线的探索，尝试重新建立起党和群众的密切联系来稳定共产党的群众根基。与党的历史上的干部驻点实践相比，它有以下四点新意。

（1）从驻点目的来看，南海区的干部驻点联系群众制度主要在于加强党与人民的密切联系、加强基层党建、了解社情民意、化解基层矛盾。从国家权力的角度来看，更多地属于基层政权建设范畴或者社会维稳范畴。不同于改善委托代理、干预式驻点和发展型驻点，其驻点意义更在于解决群众中的问题，了解社会民情并促进基层党组织建设。

（2）干部驻点参与群体更加广泛。从干部驻点的主体上来看，已经不仅限于党政部门的公职人员，还加入了更多社团成员、专业人士。从客体来看，与传统干部驻点最大的不同在于，南海区的干部直接联系群众的驻点不仅仅局限于村民和居民，还将服务对象扩展到企业、社会人才、外来务工人员，这更加符合南海区以私营经济和外来务工人员为核心的城市经济模式。同时，南海区的干部驻点还将辖区划分成若干块，在每个块区派驻点团队保证驻点的全面覆盖。

（3）驻点活动更有计划性。南海区的干部驻点联系群众工作对每个层次的驻点团队都有一定的计划要求。每个层级团队要根据实际情况做好计划清单，并明确计划清单的时间进度；同时，驻点活动以专题形式开展以提高驻点效率，防止全面开花却不能解决任何问题。此外，驻点专题的选取要结合上级主管部门的规划和驻点地的实际情况，把政策和民意结合起来，更加有效地发挥驻点作用，从而拉近党与人民群众的距离。

（4）注重对驻点团队的考核。①驻点团队责任明确。驻点团队虽然采用三级干部联动机制，但是每级干部有明确的责任定位。区级干部承担第一责任，负责对镇街干部驻点的督导；镇街干部承担直接责任；村委会干部承担主动责任，负责日常事务的承接。主管党委加强对驻点团队的考核，区直属部门党工委加强对区、镇街驻点团队的考核。②加强民众对驻点团队的制度考核。驻点团队每年要定期向民众做述职报告，民众对其驻点团队和驻点工作进行测评和考核。所有对驻点团队的考核纳入当年的绩效评估考核指标内。

总之，南海干部驻点联系群众制度和以前的驻点类型相比差异比较大，更加强调直接、全面地和群众建立联系，为群众解决问题，在方式上更加灵活和注重成效。它提出了新时期干部直接联系群众的核心工作在于加强干群关系，促进基层治理和基层问题的解决。

（二）南海干部直接联系群众存在的问题

1. 驻点目标与群众路线的表述有一定出入

南海区干部驻点联系群众制度是党的群众路线的实践形式，其最主要的目标在于加强党与人民群众的密切联系。将群众的意见收集起来进行总结，再拿到群众中进行宣传，最终转化为行动，这是对群众路线的最经典的描述。然而，在南海区干部直接联系群众制度的实践中，对于驻点联系群众却有着不同的表述。在《关于建立乡镇（街道）领导干部驻点普遍直接联系群众制度的意见》文件中，干部驻点直接联系群众工作的主要任务有四方面："向群众宣传党的政策方针和决策、掌握群众的基本情况、听取群众意见并与群众形成融洽的党群关系、解决群众的问题。"① 在文件《关于进一步深化驻点普遍直接联系群众制度的意见》中，干部驻点直接联系群众的主要任务有四点："掌握社情民意、解决社会矛盾、宣传政策法规和加强基层党建。"② 在上述两份文件中，解决社会问题能不能放在党的群众路线实践的范围内有待商榷；在第二个文件中，加强基层党建能不能算是"联系群众"的一部分也值得探讨。加强基层党建属于党组织的建设范围，而联系群众是党与组织外部的人民群众进行互动联系、收集群众意见、宣传党的主张的重要方式，二者之间确实有着较大区别。

2. 驻点团队解决问题从而影响基层治理的制度化建设

在南海区干部直接联系群众制度中，不论是干部联系群众还是干部联系企业，很重要的一部分都在讨论如何帮助群众和企业解决生活和生产中遇到的问题。对于驻点团队能够直接解决的问题，要当面解决；对于驻点团队不能直接解决的问题，上报给上级部门由其协商进行解决。从增进党群关系和党干关系来看，帮助群众直接解决问题确实可以缩短党和干部与人民群众之间的关系，却不利于问题的长久解决和基层治理能力的提升。在治理过程中应不断强调治理的规范化和现代化，强调利用制度化的途径解决治理中存在的

---

① 广东省委办公厅：《关于建立乡镇（街道）领导干部驻点普遍直接联系群众制度的意见》，2014年11月17日。
② 南海区委办：《关于进一步深化驻点普遍直接联系群众制度的意见》，2015年4月13日。

问题。上级驻点干部直接参与对问题的处理，在某种程度上打破了原有的基于科层制的、制度化的社会治理规范，利用驻点干部的临时性权力建立起更加便捷的直接解决问题的途径，在某种程度上是在放弃原有的制度化的问题解决路径而寻求非制度化的解决手段。从短期来看，成效比较显著，但从长远来看不利于基层治理的制度化和规范化建设。

3. 资源性输入型的驻点有效性

在南海区干部直接联系群众制度中，除了强调帮群众解决问题外，还强调人力、物力、财力向基层倾斜。省直部门重点负责资源的提供；① 同时，部分省市局部门设立专项基金，通过评选优秀项目来获取资金以发展驻点村居。例如，佛山市顺德区专门设立"党群共建社区发展基金"500万元，并选出40个民生项目来给予支持。② 从群众的角度来看，干部驻点联系群众能为驻点区域带来资金和项目，对自己是非常有利的；但是从干部驻点的角度来看，驻点团队通过自带或争取资源促进驻点区域的发展，类似于传统的"发展型驻点"，短期内能提升政绩，长期内难以保证效果。

4. 自上而下的驻点活动影响群众的参与积极性

在南海区干部直接联系群众制度的实践中，"干部"一直是该项制度的主体，而群众是活动的对象和客体，这就决定了驻点联系群众一直是单向度、自上而下地接待群众；驻点团队对群众而言是上级派驻部门，是可以帮助自己解决问题的特殊机构。群众会借助驻点团队帮自己解决更多问题。自上而下的单向度驻点

---

① 参见南海区委（区府办）秘书一科《中共佛山市南海区委员会印发〈关于进一步深化驻点普遍直接联系群众制度的意见〉及配套文件的通知》，2015年4月13日。
② 参见刘泰山《佛山群众诉求不准"过滤"》，载《人民日报》2014年12月31日。

团队有利于党和政府向群众宣传党的方针政策、国家法律法规，同时，群众反映的问题也能对社会中的问题和矛盾有所反映；但终究无法使党和人民保持密切联系。驻点团队无法获取群众对国家和社会的真实看法和想法，更多的是基于表面的、给予解决问题需求的一些说辞，无法回应新时期基层治理的多中心、多主角平等互动的理念。

七、改善干部直接联系群众制度的对策和建议

南海区干部直接联系群众制度作为新时期群众路线的探索和实践，作为广东省干部联系群众制度的典范，回应了新时期党群关系存在的问题以及基层治理和基层党建存在的问题。同时，采用多级政府互动、直接全覆盖的干部群众联系方式和考核方式也为其他地区进行干部联系群众制度的探索提供了参考蓝本，对新时期探索群众路线和干部联系群众的新形式具有重要的借鉴作用。此外，在南海区干部直接联系群众制度的实践中仍然存在一些问题。以下将针对存在的问题提出对策和建议，以待探讨。

（1）明确干部驻点直接联系群众的目标。干部驻点直接联系群众制度作为党联系群众和群众路线的新形式，不仅要保持其本质内涵，也要根据时代发展的需求进行调节。目前，基层治理过程面对的主要问题是基层矛盾多发、基层治理体系和基层党建不够完善，无法为基层社会提供足够的治理能力。因此，党的干部直接联系群众制度在驻点过程中应该将任务目标放在宣传党的政策方针、增进

党与人民群众的关系、收集基层社会及基层治理单位存在的问题上。通过对收集的问题整理分析，为党和政府改善基层治理提供建议和咨询，从而切实改善党和人民群众的关系、密切联系群众，而不应把工作重心放在帮助群众解决问题、推进基层党建上。

（2）协调好干部驻点联系群众和基层治理制度化的关系。从目前来看，我国地方政府治理已经形成了较为稳定的科层制治理框架，通过制度化、规范化的途径来处理政治生活中所遇到的各种问题。虽然这种科层制的治理结构在目前看来还存在诸多问题，但它是实现治理现代化、法制化和制度化的重要保障。在干部驻点联系群众制度的实践中，应处理好驻点工作和政府部门常规化问题处理方式之间的关系。驻点团队遇到群众提出的问题，应该为群众提供指导并建议群众去对应政府部门采取常规化的手段进行解决；对于因政府部门渠道和制度不畅通导致问题难以解决的情况，驻点团队应该收集材料整理成报告交给党政部门，通过改革和优化政府部门的常规办事方式来解决，从而从制度上解决群众问题。应严禁驻点团队特事特办、绕过政府部门直接解决群众问题，削弱基层治理机构的合法性和权威性。

（3）加强驻点团队与群众的双向互动。在干部驻点联系群众制度中，一直在强调由作为驻点团队主体的党政部门邀请"两代表一律师""工青妇""三官一师"参与驻点，为群众提供公益服务、解决群众遇到的各种问题和困难。在笔者看来，这种自上而下联系群众的方式能保证党的政策方针对群众的传达，能够收集到基层社会的部分问题，但对了解社情民意、基层社会的深层次问题还是非常有限。建议在干部驻点直接联系群众制度中，除了与驻点团队自上而下设置任务清单、驻点主体外，还应该发动群众的主动性，推动群众自下而上地与驻点团队和政府部门沟通，在党和群众之间形成良性互动。建议在驻点工作中，发挥村委会党员干部的主体作用，由他们协助村民组建主题活动，驻点团队作为参与者参与到以村为主体的活动中,从而加强与村民的互动,获得对基层社会问题和社会矛盾更加深入细致的了解,从而更加密切基层社会治理和党与群众的联系,构建更加有序的基层社会。

(作者:高炜)

第四章

参与式政府决策的创新经验研究
——以广东公共事务决策征询民意制度为例

广东省作为改革开放前沿地区,在基层治理创新上,一直担负着先行探路者的角色。经过30多年的改革和发展,我国逐步转入经济社会转型的关键时期,社会矛盾相对凸显。在面对社会矛盾的地方治理探索实践进程中,广东又一次发挥了窗口作用、试验作用、排头兵作用,创造出参与式地方治理经验,即建立公共事务决策征询民意制度。本文具体以广州市公众咨询监督委员会和顺德区决策咨询委员会的实践为例,分析参与式地方治理创新的经验。

一、广东参与式地方治理发展的背景

(一) 地方政府对扩大公民有序政治参与的积极探索

2012年4月27日,广东省人民政府制定颁布了《广东省重大行政决策专家咨询论证办法(试行)》(粤府办〔2012〕37号)。该办法提出,行政机关在做出重大行政决策前,应组织相关专家进行咨询论证;应进行专家咨询论证而未进行的重大事项,不得做出决策。而重大行政决策是指行政机关依法做出的涉及地区经济社会发展的重大决策以及与公共利益密切相关的专业性较强的决策,包括以下10个内容:①编制国民经济和社会发展中长期规划、年度计划,制定落实上级政府宏观经济调控和重大改革开放决策的政策措施;②政府立法规划、计划,重要的规章和规范性文件的制定与修订;③重大财政资金安排;④政府重大投资项目的立项审批;⑤重大公共基础设施建设;⑥统筹城乡区域协调发展、产业结构调整与转型升级、城乡建设、土地与海洋利用、资源开发与生态保护、基本公共服务均等化、社会管理与社会事业发展、行政管理体制改革等方面的总体规划、重要的区域规划和专项规划、重大政策措施的制定与调整;⑦重要的公用事业价格、公益性服务价格、自然垄断经营的商品和服务价格的制定与调整;⑧与港澳共同编制区域经济社会发展中长期规划、专项规划、合作计划,制定涉港澳的相关法规规章以及重大合作项目决策等；⑨与公共安全直接相关的重大行政措施的制定与调整及对社会稳定风险进行评估等；⑩法律、法规、规章规定的其他重大行政决策。

2013年4月3日，广东省人民政府制定颁布了《广东省重大行政决策听证规定》。该规定提出，以下重大行政决策应当组织听证：①法律、法规、规章规定应当听证的行政决策事项；②编制重要规划等涉及重大公共利益的行政决策事项；③教育、医疗等社会涉及面广、与人民群众利益密切相关的行政决策事项；④行政机关认为需要听证的行政决策事项。

广东省政府制定的这一系列规章制度为公民参与提供了制度保障，也反映出广东省政府在积极探索扩大公民对政治的有序参与。

（二）社会的发展对扩大公民参与的需求日趋强烈

2014年年末，广东省常住人口为10724万人，每万人拥有社会组织数量为4.37个，注册志愿者人数为700.68万人，注册志愿者人均参与志愿服务时数为17.13小时。① 经济社会发展长期积累的结构性不合理、城乡区域发展不协调、社会矛盾增多等深层次问题和矛盾逐渐凸显。为推动社会的发展，满足公民的参与需求，扩大社会参与，完善重大社会决策公众参与机制，推动社会组织健康发展，2013年广东省出台了《关于培育发展城乡基层群众生活类社会组织的指导意见》，重点扶持发展公益慈善类、科技类、社区服务类、行业协会商会和异地务工人员服务组织。2015年，广东省为推动社会力量参与救灾服务，制定了《广东省社会力量

---

① 参见国家统计局广东调查总队《2014年广东国民经济和社会发展统计公报》，2015年2月17日，见国家统计局广东调查总队官网 http://gjdc.gd.gov.cn/ztzl/tjgb/201503/t20150304_140278.html。

参与救灾促进条例》。该条例指出，社会力量参与救灾是救灾工作的重要组成部分，县级以上人民政府应当建立促进社会力量参与救灾的工作机制和社会动员机制，加强对社会力量参与救灾的指导和帮助，鼓励、引导、支持和监督其有序参与救灾工作。因此，社会的发展对扩大公民参与特别是对地方公共政策过程的参与需求日趋强烈。

（三）顺应国家治理体系和治理能力现代化的要求

党的十八大报告提出，"坚持科学决策、民主决策、依法决策，健全决策机制和程序，发挥思想库作用……凡是涉及群众切身利益的决策都要充分听取群众意见"，由此可见开展决策咨询工作的重要性。党的十八届四中全会公报明确提出："健全依法决策机制，把公众参与、专家论证、风险评估、合法性审查、集体讨论决定确定为重大行政决策法定程序。"2014年1月12日，《广东省委贯彻落实〈中共中央关于全面深化改革若干重大问题的决定〉的意见》提出三点要求：一是要深化机构改革，优化政府职能配置，完善决策权、执行权、监督权既相互制约又相互协调的行政运行机制。二是推进协商民主广泛多层制度化发展。在党的领导下，以经济社会发展重大问题和涉及群众切身利益的实际问题为内容，在全社会开展广泛协商，坚持协商于决策之前和决策实施之中。建设广东特色的新型智库，建立健全决策咨询机制。三是创新社会治理机制。鼓励和支持社会各方面参与，实现政府治理和社会自我调节、居民自治良性互动。全面推行为民办事、征询民意的机制，建立公共政策与公共服务的公众评议评价机制，完善重大决策制定公众参与程序。

二、公共事务决策征询民意制度的两种实践形式

在广东省探索治理体系创新和治理能力现代化，推进公民有序政治参与公共政策过程中，形成了以广州市、佛山市顺德区为代表的两种探索公民参与地方治理的方式。广州市是以成立公众咨询监督委员会（以下简称"公咨委"）的形式让公民参与到决策中。建立公民制度化参与公共政策的机制为广州首创，其主要在广州地区推广运行。顺德区以成立"决策咨询委员会"的形式让公民参与到决策过程中，在惠州市、江门市也有相似的做法，但佛山市相对比较成熟，所以把佛山市决策咨询委员会（以下简称"决咨委"）作为案例进行研究。下面通过对上述两个案例的研究，分析广东公共事务决策征询民意制度的经验。

广州市公咨委的实践

一、成立的动因

（一）随着城市建设高峰期的到来，社会矛盾冲突加剧

随着城市化进程的加快，广州步入大规模城市基础建设时期。2015年广州全市地区生产总值为8285.3亿元，同比增长8.1%。城市建设方面，广州全年安排156个重点项目，上半年完成投资469亿元，占年度计划的40%，带动全市完成固定资产投资1965.7亿元，增长14%。具体而言，白云机场第三跑道投入运行，第二航

站楼主体土建工程完成80%,噪音区治理安置区在建设;南沙港区三期工程完成年度投资计划的62%,广州港深水航道拓宽工程、近洋码头工程、南沙国际邮轮码头工程等项目前期工作在建设之中;穗莞深、佛莞、广清、广佛等轻轨项目进展顺利,9个在建高速公路项目完成年度投资的56%,在建地铁360个工地开工347个,广州大桥拓宽、流花湖隧道、黄埔疏港道路、丰乐北路和龙溪大道快速化改造等130个重点道路交通工程建设施工中。[1] 广州市市长指出,今后的15年是重大城市建设基础设施建设的一个高峰期,未来的15年是广州城市建设最关键、最重要、最集中要完成的事业,今后15年将奠定广州百年乃至千年的基业。[2]

作为一线城市的广州,人口规模庞大且复杂,社会阶层结构、利益结构和需求结构多元化,城市治理压力逐渐增大。在此背景下,广州发生了一系列公共政策抗争事件。2009年,因为规划建设番禺区垃圾焚烧发电厂而遭到周围居民的强烈反对,经过媒体报道后成为全国瞩目的公共政策事件;2013年,白云山隧道项目也因各方意见分歧较大,市政府最后宣布缓建。因此,在大规模城市基础设施建设时期,社会矛盾冲突加剧。

(二)公民意识的成长,形成公民参与文化

从2011年以来,"举牌哥""口罩男""拇指妹"等广州普通市民站出来,用独特的方式,叫板城市建设中存在的不当之处,对政府的决策说"NO"。"举牌哥"的举牌让广州地铁公司态度"大转弯",表示会本着节约原则翻修,未开工的车站没有坏的地方不会改动,在尽量保持总体风格的基础上,达到安全、节能、环保、节约的效果;"口罩男"的意见迅速被政府采纳,除已完工和新建

---

[1] 参见郑佳欣《广州GDP上半年增8.1%》,2015年7月29日,见南方网http://gz.southcn.com/content/2015-07/29/content_129443162.htm。
[2] 参见张玉琴《公咨委应替市民看住钱袋子》,载《信息时报》2013年6月24日。

的路段外,其他大中修道路维修中将不再统一使用花岗岩,一律采取原状维修,意味着约 20 条大中修道路工程将节省至少数千万元的费用。"拇指妹"促进了广州市建委公开光亮工程可行性研究报告,并使广州政府将 1.5 亿元的光亮工程费用削减到 2700 万元。这些公民积极参与到公共事务的事件说明,广州公民意识已经开始觉醒,并开始形成公民参与文化。2014 年,广州社情民意研究中心开展"公众参政议政"满意度调查,结果显示,对"公众参政议政",市民满意度较低,为 21%,与不满意度的 22% 基本持平。回答"满意"占 21%,"一般"占 34%,"不满意"占 22%,"难说"占 23%。①

(三)政府与民间长期良性互动,偶然合力产生公咨委

广州市作为改革开放的前沿阵地,政府与民间形成了良好的长期互动关系。公众参与、政民互动,不仅使很多公共政策矛盾得到解决,政府决策也更有效。而同德围公咨委的成立,某种程度上是政府民间合力的结果。2012 年,市"两会"上,市政协委员韩志鹏为 30 万同德围街坊请命之后,广州市市长要求"同德围整治要全民参与",直接促成了广州首个公咨委的诞生。后来,市长解释为什么成立同德围咨询监督委员会时说:"因为市民和政府想不到一块,同德围改造搞了十几年,市民很实际,要解决交通问题、文化、公园、医院、学校和脏乱差的问题。当年市委研究室、建委、规划局和白云区都各搞一套方案,越搞办法越多,但与老百姓想法不一致,而且项目没有百亿元也有七八十亿元。干完后,老百姓还不满意,怎么办?要从根上做起,成立一个以当年上访群众骨干为主的委员会。群众为何要上访?还是觉得你的措施不到位,为何不

---

① 参见广州社情民意研究中心《广州城市状况市民评价调查报告》,2015 年 3 月 23 日,见广州社情民意研究中心官方网站 http://www.c-por.org/。

听听大家的意见呢?"① 因此,广州就成立了同德围地区综合整治工作咨询监督委员会。

二、成立经过

(一) 市政府牵头成立街道公咨委试点阶段

同德围街道行政上隶属于白云区政府,面积3.81平方公里,内有19个社区,辖区居住人口约23万人。同德围街户籍人口约2万人,非同德围街户籍的市内常住人员约10万人,非本市户籍流动人员约11万人。② 同德围问题的根源可以追溯到20世纪90年代。1990年,政府把同德围规划成大型的住房解困区,安置全市的困难户、拆迁户;1996年起,因修地铁和内环路,拆迁户迁来这里;1998年,上千名教师也搬进同德围"教师新村"。由于同德围的住房租金相对便宜,吸引了许多的外来务工人员前来租住。然而,人口增长步伐加快,但交通、教育、医疗等相关公共配套没能跟上,同德围的问题逐渐严重。同德围的交通是一大瓶颈问题,长期以来,双向两车道的西湾路和西槎路贯穿同德围南北,成为当地二三十万居民出行的"华山一条路"。③ 当地居民把同德围戏称为"痛得威""话题小区""被遗忘的角落"等,同德围成了近两年备受人们关注的广州"最热门"地方之一。④ 2012年1月,启动了同德围综合整治,在整治过程中成立了以居民代表为主的同德围地区综合整治工作咨询监督委员会。这一委员会主要是公民参与的制度化组织,同德围居民可以通过这一组织参与到同德围综合整治政策制定过程中。同德围地区综合整治工作咨询监督委员会是广州市地

---

① 杜娟:《公咨委:广州大桥拓宽工程建不建将尊重民意》,载《广州日报》2013年6月24日。
② 参见林洪浩《"9+1"工程助同德围"突围"》,载《广州日报》2013年6月6日。
③ 参见蒋玉《解围同德围》,载《南方》2012年第7期。
④ 参见刘正旭《跟同德围"狗洞"说再见》,载《新快报》2012年10月5日。

方政府治理中鼓励公民参与的一种制度创新，是地方治理中的一种探索。委员会具体情况总结如表4-1。

表4-1 同德围地区综合整治工作咨询监督委员会简介

产生	产生缘由	市政府牵头成立	
	对接行政机构	市政府"同德围地区综合整治工作领导小组"	
	职权范围	意见征集、过程监督、矛盾协调、工作评价	
	性质	民间机构	
	章程（条例）	没有章程，但有具体的工作职责条文	
	存在时间	临时组织，"整治政策完成，组织相应就自动消失"	
架构	组织架构	设常委会，"大的事召开全体大会商议，但基本上由常委会运作"	
	人员的产生	社区推荐—街道审定—市里批准	
	委员（人员）	人数	共36人，周边街道2人、白云区政府部门1人、媒体1人，其中78%为当地居民和企业代表
		男女	25∶11（女性比例占了将近1/3）
		身份	普通居民身份参加
		薪酬	没有薪酬补贴，属志愿者，"学雷锋，免费服务"
		任期	无
		考核	没有，"很散的一个组织，组织形成不是很正规"
日常运作	办公地点	同德围街道办事处二楼正式挂牌，借用街道办办公室。平时由秘书长值班，有事则去办公，无事则不在	
	场地	同德围街道办提供	
	经费	市政府给予部分日常办公经费，由同德围街道办保管	
	会议	议题的决定	公咨委自己定，主要是对项目表决
		会议的主持	主任
		政策形式	1人1票，60%以上同意通过，举手表决

资料来源：新闻报道、实地调研和访谈①。

---

① 访谈：同德围地区综合整治工作咨询监督委员会秘书长××，2014年2月25日。

公咨委在综合整治过程中的主要职责是：意见征集，广泛征求居民对同德围综合整治的意见；过程监督，全程监督综合整治工作并及时提出意见；矛盾协调，在整治过程中对居民做好解释和说服工作；工作评价，对综合整治工作成效进行评价。①

公咨委成员一共37人，其中1人原是广铁集团代表，但其名单一直未定。所以，公咨委实际运作是36人。组成委员状况：当地企业、社区居民代表29人，占总人数的78%；周边街道代表2人、白云区政府部门1人、媒体1人。② 从人员的代表性可以看出，这一组织的"草根性"强，从而能够有效地获得当地居民的认可，代表性强。公咨委委员的产生程序：最初名单由同德围各个社区或者街道推荐，街道办进行审定，最后上报广州市政府批准。"我们社区的公咨委委员是我们推荐给社区的，都是普通居民，平时比较热心参与和支持居委会工作，所以就推荐他们。"③ 公咨委的组织架构：设立主任1名、副主任6名，其中1名为常务副主任；秘书长3名，其中1名秘书长、2名副秘书长；常委10名，其中主任、秘书长大多同时兼任常委；委员36名。具体组织架构见图4-1所示。

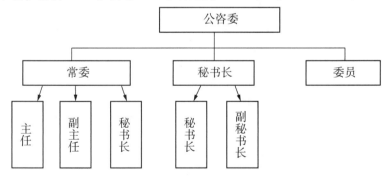

图4-1 同德围公咨委组织架构

---

① 参见同德围地区综合整治工作咨询监督委员会官方网站，http：//tdw.gzcc.gov.cn/tdwweb/index.aspx。
② 访谈：同德围地区综合整治工作咨询监督委员会秘书长××，2014年2月25日。
③ 访谈：同德街××社区主任，2014年2月27日。

公咨委成立后主要扮演的角色有两项：一是政府和群众间的沟通桥梁，起到信息的反馈和表达作用，表达公民的政策诉求，以使政策回应公民的诉求；二是协调在政策制定的过程中，特别是在政策实施阶段，所引发的政府和民众间、民众内部之间的矛盾，在公民和政府之间沟通政策信息，使得政策符合客观实际和公民需要。我们在对公咨委委员的访谈中了解到，作为志愿性质的组织成员，公咨委委员的主要工作有两部分：一部分是公咨委组织上安排的工作，如座谈会、咨询会等集体活动；另一部分是作为个体的委员，在与居民打交道的平常生活中了解民意，或者居民主动将意见反馈给委员，委员再将意见集中地反馈给政府。

"我作为社区代表，平时主要是征集意见，事情也不多，我主要是负责我们这个社区的工作，把群众的意见递上去。"①

"我们主要是有问题就集中开会讨论并反映问题；我们不是全职的，所以我们主要是在平时的本职工作中联系群众，听取他们的相关意见。"②

"好多工作都参与，所有项目都参与，如南北高架桥、地铁、变电站，这么多项目一下子不能都说出来。我们的工作就是把群众对项目的意见反映给市领导，使得这个项目不断地改进，不断地向好的方面去发展，比如说南北高架桥就反反复复征求意见。拆迁、征地我们都参与。参与征地是最麻烦、最难的事情，我们都去做协调工作。"③

（二）全市推广公咨委阶段

同德围公咨委为政府与民众之间的矛盾协调搭建了平台，更有效地协调了民众内部的多元利益诉求。而后，广州市政府推广了同德围公咨委模式，陆续建立了废弃物处理公众咨询监督委员会、东

---

① 访谈：同德围地区综合整治工作咨询监督委员会委员××，2014年2月27日。
② 访谈：同德围地区综合整治工作咨询监督委员会委员××，2014年3月19日。
③ 访谈：同德围地区综合整治工作咨询监督委员会秘书长××，2014年2月25日。

濠涌中北段综合整治工程公众咨询监督委员会、金沙洲地区建设公众咨询监督委员会等。据不完全统计,广州市政府成立的市、区级咨询委员会已有11个以上,基本情况见表4-2所示。

表4-2 广州市政府现有的公众咨询监督机构
（截止日期为2015年10月22日）

公众咨询监督委员会名称	成立日期	成立缘由	级别
同德围地区综合整治工作咨询监督委员会	2012年2月23日	同德围综合整治	市
废弃物处理公众咨询监督委员会	2012年8月4日	番禺垃圾焚烧事件	市
东濠涌中北段综合整治工程公众咨询监督委员会	2013年4月6日	东濠涌中北段综合整治工程	市
金沙洲地区建设公众咨询监督委员会	2013年4月26日	金沙洲地区建设	市
慈善组织监督委员会	2013年6月20日	—	市
重大城建项目公众咨询监督委员会	2013年6月23日	广州大桥拓宽	市
进城务工人员随迁子女接受义务教育后在广州市参加升学考试工作公众意见征询委员会	2013年10月25日	—	市
广州市社会医疗保险公众咨询监督委员会	2013年12月16日	—	市
花都区城市废弃物处理公众咨询监督委员会	2012年7月13日	—	区
中山一路片区排水改造工程公咨委	2013年1月24日	中山一路片区排水改造工程	区
北京路文化核心区公众咨询委员会	2014年7月15日	北京路文化核心区规划建设	区

统计资料来源：政府网站和新闻报道，同德围地区综合整治工作咨询监督委员会和废弃物处理公众咨询监督委员会的资料是通过调研访谈获取的。

尽管各个公咨委的设立方式和组成人员略有不同，但都基本承担以下职责：一是意见征集。广泛征求居民对重大决策、重大工程项目的意见。二是过程监督。全程监督决策过程和工程项目，及时提出意见和建议。三是协调矛盾。对居民做好解释、说服工作，化解各方矛盾。四是结果监督与评价。对重大决策、重大项目的实际效果进行后续跟踪和客观评价。

（三）制度化运作阶段

广州市政府在公咨委运行一年多后，陆续颁布了相关的规章制度，试图将公众意见咨询委员会这一形式制度化、常态化，促进公咨委运行的规范化。

1. 2013年颁布实施《广州市重大民生决策公众意见征询委员会制度（试行）》

为进一步规范公咨委的运作，经过一年多的实践探索和经验总结，2013年4月4日，广州市政府印发了《广州市重大民生决策公众意见征询委员会制度（试行）》，提出五个方面的内容。一是公众意见征询委员会制度是政府重大民生决策征询民意制度的重要实现形式，凡关系市民切身利益且涉及面广的重大民生决策事项，均应成立公众意见征询委员会，先征询民意后做出决策。重大民生决策事项具体包括六项内容：①政府提供基本公共服务保障重大政策措施的制定与调整；②政府保障重要民生事项的财政资金安排及社会筹集资金使用方案；③涉及群众利益的重要区域（专项）规划和重大城乡基础设施建设；④涉及群众切身利益的土地利用、征地拆迁、环境保护、劳动就业、社会保障、人口计生、文化教育、医疗卫生、食品安全、住房保障、交通运输、城市管理、社会治安等方面的重大政策措施的制定与调整；⑤其他与人民群众利益密切相关、社会涉及面广、需要广泛征询民意的民生决策事项；⑥市民提议设立，且经政府主办部门同意设立公众意见征询委员会的其他决策事项。具体决策事项是否属于上述范畴，由政府法制机构认定。

二是公众意见征询委员会成员一般不低于15人。通常按照专业人士代表占1/3，利益相关方代表占1/3，市民代表、人大代表和政协委员共占1/3的比例构成。三是对公众意见征询委员会委员的权利、产生、条件、义务等方面进行规定。四是明确提出应依而未依本制度征询民意的重大民生决策事项，不得提交领导集体决策。五是公众意见征询委员会不另列财政经费，日常经费开支在主办部门相关经费中列支。特殊情况另行申请。

2. 2015年颁布实施《广州市重大民生决策公众咨询监督委员会工作规定》

在经过3年多的经验总结和2013年《广州市重大民生决策公众意见征询委员会制度（试行）》（以下简称"《试行》"）实行的基础之上，2015年8月7日广州市政府印发了《广州市重大民生决策公众咨询监督委员会工作规定》（以下简称"《规定》"）。《规定》与2013年的《试行》相比，在四个方面有所修改。第一，关于具体决策事项是否属于重大民生决策事项范畴的确定，由"由政府法制机构认定"修改为"政府主办部门不能确定时，应由政府法制机构确定"。第二，委员构成比例，删除了除利益相关方以外人数的硬性比例规定。原《试行》规定"按照专业人士代表占1/3，利益相关方代表占1/3，市民代表、人大代表和政协委员共占1/3的比例构成"。现《规定》只提出"公众咨询监督委员会成员一般不少于15人，其中利益相关方代表不少于1/3"。第三，提高了公咨委的自主性。原《试行》规定主任和副主任由委员会全体成员选举产生，并由政府主办部门委任。现《规定》中主任和副主任不再由政府主办部门委任，"公众咨询监督委员会设主任一名、副主任若干名，由委员会全体成员选举产生，负责领导和组织委员会自主开展工作"。第四，增加了取消委员会委员资格的情形，即"滥用委员身份，造成严重不良影响的"。第五，对活动经费进行项目明细和使用流程规定。原《试行》只是简单地提到"公众意见征询委员会不另列财政经费，日常经费开支在主办部门相关经费中列支。特殊情况另行申请"。现《规定》提出，"公众咨询监督委员会所需活动经费，包括专项会议和本地调研活动经费，委员会成员误餐、市内交通补贴，经委员会主任确认、政府主办部门负责人审批后，在政府主办部门的部门预算中列支"。

三、公咨委的特点与亮点

（一）重视全程监督

公咨委的全名是"公众咨询监督委员会"，从名称就可以看出其职责不仅要咨询，更要监督。公咨委作为政府与民众的桥梁，在项目建设前期要充分发挥咨询的作用，使各方面利益诉求传达到政府层面，表达公民诉求，也为政府决策提供参考意见；同时，在项目实施过程中，公咨委则应发挥跟踪监督作用，监督项目的整个落实情况。同德围公咨委主任韩志鹏指出，广州第一个公咨委——同德围公咨委的全称不仅有"监督"二字，而且从一开始，市政府就和该公咨委商议制定了一个十六字工作方针，即"征集民意、协调矛盾、过程监督、工作评价"。尤为重要的是，自同德围综合整治工作拉开帷幕，"过程监督"一直是同德围公咨委的"重头戏"，行之有效，备受赞誉。[①] 在2013年重大城建项目公咨委座谈会上，广州市长谈了公咨委要从六方面监督政府：一是考察项目的必要性（"广州大桥是否有必要扩建，首先要拷问，如果大家意见一致，连反对的人都不反对了，那就扩建"）；二是考察项目的可行性；三是控制项目的造价成本（"钱是广州市人民的钱，公咨委要帮助广州人民看住这个钱袋子"）；四是监督项目的质量；五是监督项目的进度；六是监督项目的廉洁（"不能把项目捂在口袋老不拿出来招标，应该早早把资料发给公咨委，公咨委打铜锣，大家来投标"）。[②]

[①] 参见韩志鹏《公咨委的监督功能去不得》，载《羊城晚报》2015年4月1日。
[②] 参见张林《重大城建须问25人公咨委》，载《羊城晚报》2013年6月24日。

2015年4月,《重大民生决策公众意见征询委员会制度(试行)》试行到期,广州市政府政策研究室拿出了一个经过初步修订的公开征求意见稿。修订稿里,公咨委的全称为"公众意见咨询委员会",少了"监督"二字。公咨委有"监督"二字与没"监督"二字有什么区别呢?区别是显而易见的,没有监督就去掉了公咨委的监督功能,减弱了公咨委的作用。因此,修订稿去掉"监督"引起质疑,东濠涌公咨委委员孟浩认为,"本身我们成立这么多公众委员会,就有监督的含义在里面,而且和咨询、知情等其他功能相比,公咨委的监督功能还是最重要的"。同德围公咨委主任韩志鹏旗帜鲜明地说:"过程监督非常有成效也非常有必要,强烈建议在修订稿中加入监督的表述,否则我认为是历史的倒退。"[①] 最终正式印发的《广州市重大民生决策公众咨询监督委员会工作规定》保留了公咨委的"监督"功能,保障公咨委对公共政策的全程监督权。

(二)公众深度参与

公咨委成立的初衷就是为了做好政府和居民间的沟通协调,因此,公咨委的成员中居民占了较大比例,特别是利益相关的居民积极参与到公咨委人选的报名中。同德围公咨委之所以能够在整治过程中发挥那么大的作用,原因之一就是居民深度参与,公咨委中居民代表比例高,代表了街坊的集体利益,不被官方人员"代表"。通过对广州市五大公咨委代表人员的梳理,发现居民在公咨委所占的比例是比较高的。最高的是同德围公咨委,居民代表比例占到78%,比较低的是重大城建项目公咨委和废弃物处理公咨委,居民代表比例都只占到40%(具体参见表4-3)。此外,据《南方都市报》统计,这五大公咨委委员总数144人,其中居民代表占

[①] 魏凯:《穗修订公咨委制度去掉"监督"引质疑》,载《南方都市报》2015年3月31日。

46.53%，利益相关方代表占23.61%，人大代表、政协委员占14.58%，专家学者占比15.2%。①

表4-3 五大公咨委中居民代表所占比例

名称	人数	居民代表比例
同德围公咨委	29人	78%
金沙洲公咨委	18人	62%
东濠涌公咨委	9人	50%
重大城建项目公咨委	10人	40%
废弃物处理公咨委	12人	40%

（三）媒体广度关注

公民参与政策过程需要有发表意见的场所和讨论问题的平台，媒体为此提供了便利条件，给予了公共平台，扮演了传声筒和扩音器的作用。公咨委整体都比较重视媒体的力量，媒体对公咨委的活动进行了大量的相关报道。一方面是广州拥有丰厚的媒体资源，另一方面是媒体对公咨委议题的重视。以同德围公咨委为例，可以更清楚地看到媒体对公咨委的关注度。同德围公咨委成立之初，就看到了媒体的力量，重视调动媒体资源，给媒体进入公民参与组织提供了机会。公咨委成员中，专门设立了媒体代表，《广州日报》记者得以入选；同时，其还担任了常委工作，参与到公咨委的日常工作之中，使得公咨委参与到政策过程中的活动得到了媒体的持续关注和跟进报道。

通过对媒体关于同德围综合整治政策过程的报道数量的分析，可以从侧面反映媒体资源对同德围综合整治政策过程的关注度。媒体信息数据是从《同德围地区综合整治工作简报》中整理归纳而来。2012年5月创刊，第一期的主要内容是在政府内部汇报同德围

---

① 参见魏凯、梅雪卿《广州公咨委："草根"发声参与城市管理》，载《南方都市报》2015年1月6日。

综合整治政策进展情况,从 2012 年 7 月第三期开始增加了"媒体舆情"板块内容。因此,可据此分析广州市媒体对同德围公民参与政策过程的关注(见表 4-4);由于通过媒体数据库的关键字搜索,发现相关信息不全,所以,选择实时发布动态信息的政府简报作为分析依据。

表 4-4 广州市媒体对同德围公民参与政策过程的关注

媒体 \ 时间	2013年7月	2013年8月	2013年9月	2013年10月	2013年11月	2013年12月	2014年1月	2014年2月	2014年3月
南方日报	4	1	5	3	2	1	0	0	0
广州日报	6	2	1	3	3	1	1	0	3
南方都市报	4	3	1	1	2	1	1	0	0
羊城晚报	2	0	2	0	1	3	1	0	0
新快报	3	0	0	2	1	2	0	0	0
信息时报	4	0	0	0	1	2	2	2	1
总计	23	6	9	9	10	10	5	2	4

数据来源:广州市城乡建设委员会《同德围地区综合整治工作简报》2012 年第 1~12 期。

媒体对公咨委相关内容的密集报道,一方面,使得公咨委的相关活动得到了社会的关注,促进当地居民关注和了解政策项目;另一方面,也对政府层面带来一定的社会舆论的压力,提高了政府对解决问题的重视程度。

(四)公咨委主要在重大社会建设项目中成立

目前,广州公咨委主要是在城市建设中存在难题时,为解决工程建设过程中产生的矛盾而成立的。大多是一个项目一个专门公咨委,以化解政府在城市建设中可能遇到的阻力和维护公民的利益,增强政府和公民间的沟通互动,逐步取得共识,实现社会治理。

同德围公咨委的成立是为了解决同德围综合整治工程中的矛

盾。重大城建项目公咨委从名称就可以看出该组织是为了协调城市重大城建项目建设矛盾而成立的，金沙洲公咨委是为了解决金沙洲综合整治工程矛盾而成立的，东濠涌公咨委是为了应对东濠涌中北段综合整治工程中出现的矛盾而成立的。

四、治理成效

公咨委这一地方治理中的政策参与机制影响了政策过程中的主体行为，在一定程度上也左右了政策项目结果。公咨委对同德围综合整治政策的发展所产生的影响，出乎最初牵头成立公咨委的政府、作为制度化参与核心的公咨委成员以及同德围当地居民最初的期望，在政策过程中成功地扮演了协调角色。在对公咨委委员们的访谈中，他们都提到自己原以为也就是去"提提意见""走过场"，公咨委后来发挥的作用比他们原先设想的大得多。金沙洲公咨委也为10万金沙洲居民争取到16项基础设施项目，解决了民生难题。重大城建项目公咨委则让搁置了10年的广州大桥拓宽工程得以启动，同时还暂时搁置了广州第二条BRT工程，等等。公咨委模式逐渐成为广州市政府"问需于民""问政于民""问计于民""问效于民"，推动政民互动的一种行之有效的新模式。如今，公咨委模式不断探索和完善，已经成为广州城市治理的一大特色。广州"公咨委"制度获"中国法治政府奖提名奖"。①

公咨委在广州城市治理过程中发挥了重要作用，其具体的成效可以从三个方面进行考察：一是从地方政府治理的角度，它是协同善治的创新之举，推动了地方治理决策民主化；二是从公民参与的角度，它是民意表达制度化方面的一个重要探索，公民由城市管理的被动参与者转变为城市治理的主动介入者；三是从公民政策本身的角度，公咨委发挥了沟通民意的桥梁作用，有效化解了在公共政

---

① 参见黄少宏《广州"公咨委"制度获"中国法治政府奖提名奖"》，载《南方日报》2014年12月10日。

策中政府与公民间的矛盾。

（一）地方政府治理决策的民主化

公咨委有效地推动了一系列城建项目建设，这背后的根源是政府决策民主化。政府逐渐包容公民参与到公共政策之中，从"管理"走向"治理"，有力地改变了这个城市的公共治理结构。2013年，广州市政府通过的《广州市重大民生决策公众意见征询委员会制度（试行）》提出凡关系市民切身利益且涉及面广的重大民生决策事项，均应成立公众意见征询委员会，先征询民意后再做决策；而且应依而未依本制度征询民意的重大民生决策事项不得提交领导集体决策。因此，公咨委提高了政府公共决策的民主性，建立了治理决策的民主化机制。

"南都"评论员指出，与过去决策制度相比，"公咨委"制度的建立至少有两个方面的突破：一是征询民意的时机前移至决策过程的初始阶段，而不是政府意见基本决定之后；二是征询民意的方式由简单的草案公示方式，升级为由公咨委与市民直接沟通，继而再向政府提供参考意见。[①] 对政府来说，公咨委可以收集到更为真实的民意，使政府更敏锐、更准确地了解社会各方的反应，发现存在的问题和找准症结矛盾，迅速进行修正和协调；对民众来说，通过公咨委民意表达制度化、组织化，摆脱了零碎化状态，而且公咨委还充当政府和民众之间的利益缓冲带，公咨委可以对不同利益和诉求进行有效制衡。[②]

（二）公民参与政策过程空间的扩大化

参与政策的环节，从参与政策的个别环节扩大到整个政策过程的参与。公咨委的功能定位是意见征集、矛盾协调、过程监督、工

[①] 参见丁建庭《"公咨委"制度也需要"2.0版"》，载《南方日报》2015年8月7日。

[②] 参见吴明场《广州"公咨委"：城市治理能力现代化的积极探索》，载《广东行政学院学报》2015年第1期。

作评价、全程监督综合整治工作并及时提出意见和对综合整治工作成效进行评价，使得公民参与政策过程由政策制定过程中的意见反映或者政策执行中的社会抗争，到参与政策过程的整个环节，拓展了公民参与政策过程的环节。在没有成立公咨委之前，公民以个体的或者小群体的形式，通过体制给予的各种渠道参与到政策中，但都没起到什么作用。公民通过个人化的方式，无法参与政策中，拥有的政策空间是狭窄的。

参与渠道的拓展。公民参与影响政策的途径，主要有制度内和制度外两种途径。公咨委是通过公民草根主体组成的体制外形式，但又能够获得政府体制内的资源，进入到政府决策中。具体来说，公咨委给予公民两个方面的表达诉求渠道：一是组织形式；二是委员个体的方式。一方面，通过组织的形式，举办各类公民意见征集和表达活动，给予公民参与政策过程的新方式，拓展公民诉求的表达空间；另一方面，公咨委委员平时又与居民朝夕相处，公民随时都可以向委员反馈自己的诉求。公民向公咨委表达诉求的渠道方便又直接，而在当地长期生活的公咨委委员对公民的诉求也会有更加深刻的理解和感受。戴维·伊斯顿①提出了政策系统理论分析模型，政策由输入和输出两大系统构成；政治体制尤其是政府的决策体制是政策"输入"转为"输出"的中间机制（王绍光、樊鹏，2012）②。成立公咨委后，居民有了一个表达意见的组织渠道，改变过去政府单方面主导政策过程的输入、输出政策的系统，公民在输入系统诉求表达和输出系统的政策反馈中，能够参与其中。参照戴维·伊斯顿分析模型，可以将同德围综合整治政策系统归纳如图4-2所示。

---

① 参见戴维·伊斯顿《政治生活的系统分析》，王浦劬等译，华夏出版社1989年版。
② 参见王绍光、樊鹏《"集思广益型"决策：比较视野下的中国智库》，载《中国图书评论》2012年第8期。

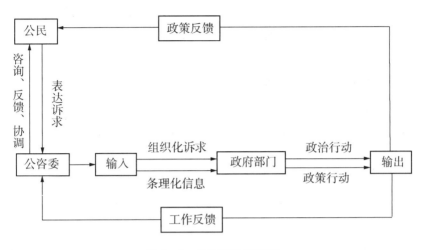

图 4-2　公咨委政策系统

（三）公民和政府之间沟通的制度化

公民参与的制度化机制构成了政府决策者和社会主体之间良好的联络，使政府和社会之间形成了基本的互动关系；公民参与政策过程，对于公共问题的发现和界定、政策议程的建立、政策方案的规划和政策方案中各种相互冲突的利益需求的相互调整，都具有重要的影响（赵成根，2000）①。公咨委在政府和公民间扮演了信息传递者的角色，主要表现在两个方面。一是公咨委有效地将公民诉求表达组织化，进而理性地传达给政府部门，积极影响政策。公民在公咨委征集公民意见的各类活动中，或者在平时生活中，通过公咨委办公室电话和公咨委委员个人手机号码、邮箱等方式把意见反映给公咨委。公咨委作为信息的加工和中转站，将公民的诉求整理、过滤、整合后直接通过邮箱转交给政策部门，政策部门对公咨委传递的意见进行协调处理或答复。"我们提的意见基本上都有答复，即使他不用，也都把不用的原因讲给我们听，反正

---

① 参见赵成根《民主与公共决策研究》，黑龙江人民出版社 2000 年版。

我们提交的意见都有回音，不是说提了就石沉大海。"① 政府对公咨委工作的支持，使得公咨委将公民的诉求能够引入政策层。二是公咨委将政策信息迅速地传达给公民，同时对部分政策信息进行解释和说服工作。公咨委能够受邀参加部分政府的政策会议，政府也会将政策的最新信息转给公咨委。公咨委利用委员本地化、平时与当地居民沟通便捷的优势，将信息转达给公民，对政策起到一定的宣传和动员作用。公民诉求表达的主要运行机制如图4-3所示。

图4-3　公民诉求表达的主要运行机制

公咨委在政府和公民间扮演了政策方案意见的反馈者角色。政府在公民反馈意见的基础上进一步修改方案，方案修改后就传达给公咨委；公咨委向群众征求意见，再将意见整理、归纳后反馈给政府；政府再根据公民意见，进行调研论证，对方案进行调整和完善。政府政策信息征求意见的主要运行机制如图4-4所示。

图4-4　政府政策信息征求意见的主要运行机制

---

① 访谈：同德围地区综合整治工作咨询监督委员会秘书长××，2014年2月25日。

佛山市顺德区决咨委的实践

一、成立的动因

公共决策咨询委员会（以下简称"决咨委"）是顺德区大部制改革衍生产物，顺德大部制行政改革设计者、国家行政学院科研部主任许耀桐指出，在顺德大部制改革方案中，顺德政府采取决策、执行、监督行政权力三分的组织架构。最高决策机构是由党委、人大、政府、政协等部门组成的党政联席会议。这个决策机构需要一个民意机构为其服务。① 而容桂街道的"简政强镇"试点则直接催生了决咨委这一机制。决咨委的成立是为了应对治理中遇到的新难题，在实践中，它有效地化解了在治理过程中产生的公共政策利益多元化问题。

（一）顺德大部制改革的产物

改革开放以来，顺德一直承担着广东省体制改革的多项重要任务。1992年和1999年，顺德先后被确定为全省综合改革试验县、率先基本实现现代化试点市。顺德从1992年以来的改革是以行政体制改革为先导，以产权改革为其重点，以农村管理体制改革及其他社会公共事务管理体制改革为基础。② 2009年，广东省启动省市县政府机构改革，并将佛山市顺德区、深圳市、广州市和珠海市作为行政管理体制创新试点。2009年9月14日，《佛山市顺德区党政机构改革方案》获广东省委、省政府批复。顺德区全面梳理部门职能，在原来大部门体制基础上，进一步加大对职能相近机构的整合力度，在发展规划、城乡建设、社会管理、经济建设、市场监管、群团工作、政务监察等更多领域综合设置机构，形成职能配置科学

---

① 参见尹冀鲲、欧阳少伟《顺德重大公共政策先听"外脑"的 该区成立公共决策咨询委员会》，载《南方都市报》2010年9月13日。
② 参见郑年胜《顺德改革发展的历史回顾和理论思考》，载《南方经济》2005年第2期。

合理、机构设置综合精干、权责明确清晰的党政组织架构。全区原有41个党政机构，按职能"合并同类项"，职能重叠、相近的党政部门合署办公。改革后，区综合设置16个党政机构，其中，设置纪律检查委员会机关和党委工作部门5个、政府工作部门10个。这一大部制改革引起了社会各界广泛关注，被媒体称为"石破天惊""最大胆的大部制改革"。除了机构精简以外，改革方案还创新性地提出创新运行机制，按照"决策民主化和扁平化、执行集中化和统一化、监督外部化和独立化"的原则，建立党政决策权、执行权、监督权既分工清晰又统一协调的高效运行新机制。建立民主科学的区党政决策机制，区全局性重大决策集中由区联席会议行使。严格规范决策程序，完善决策听证、咨询和民意征集吸纳制度，增强党委、政府对地方改革发展战略决策的科学性。① 顺德行政管理体制改革的主要特点之一是将决策权、执行权、监督权适度分离。创新管理体制和运行机制。凡属全局性、战略性的重大问题均由区党政联席会议研究决定，区发展规划和统计局、决策咨询和政策研究室负责全区经济社会发展重大规划和政策的研究与制定，咨询意见，反映民意，为联席会议决策提供参考建议。② 因此，广东省是地方大部制改革推行得最早和最广泛的地区之一，而佛山市顺德区的大部制改革又是广东省地方大部制改革的主要模式，也是建立"大部门"力度最大的地方。③

在2009年大部制改革之后，特别是2011年7月14日，时任省委书记汪洋来顺德，强调顺德要"勇敢地承担起探索全省社会管理

---

① 参见广东省机构编制委员会《佛山市顺德区党政机构改革方案》（粤机编〔2009〕21号），2009年9月14日。

② 参见张瑞《行政管理体制改革的新尝试：关于广东省顺德区行政管理体制改革的调研与思考》，载《中国特色社会主义研究》2010年第6期。

③ 参见黄冬娅、陈川憨《地方大部制改革运行成效跟踪调查：来自广东省佛山市顺德区的经验》，载《公共行政评论》2012年第6期。

创新的重任,成为广东社会建设的尖兵"后,顺德在社会建设上一直创新不断,逐步探索公民参与公共事务,积极鼓励公民参与到公共政策之中。

(二) 简政强镇的一项创新举措

在顺德区级层级进行大部制改革的同时,以容桂街道作为试点开展"简镇强镇"事权改革。试点方案提出,主要任务之一是推进社会管理和公共服务体制改革,建立协同治理机制,吸纳社会力量参与决策。从党代表、人大代表、政协委员以及社会各界人士中选取代表,组建街道公共决策和事务咨询委员会,负责对街道的公共决策、财政预算、资金使用和项目建设等与市民利益密切相关的事项提出意见和建议,表达各方的利益诉求。[①] 因此,作为简政强镇事权改革的一项内容,容桂街道在区范围内,率先成立公共事务决策和咨询委员会。

(三) 面临新的治理难题

经过20多年的快速发展,顺德也遇到了新的发展难题。处于转轨时期的顺德,原有的经济利益结构已经发生变化,整个社会呈现出利益多元化的趋势,并且利益主体之间存在矛盾,利益差距也在不断变化。在这种背景下,政府怎样才能为公民提供更好、更方便、更快捷的服务,制定出符合公民利益和获得公民支持的公共政策,成为一道绕不开的必解"难题"。

二、成立经过

(一) 街道初步萌芽阶段

2010年2月,容桂街道公共决策和事务咨询委员会成立(简介见表4-5),成为顺德第一个也是全国镇街级别的第一个决咨委。容桂街道办称,因容桂为街道行政级别,无人大、无政协,政

---

① 参见中共佛山市顺德区委《印发佛山市顺德区容桂街道"简镇强镇"事权改革试点工作方案的通知》(顺发〔2009〕18号),2009年11月6日。

府缺乏咨询的团体和机构，每年近20亿元政府财政如何使用、涉及街道近60万人口的政策制定，迫切需要听取更多的市民意见。①街道主政者认为决咨委可发挥与人大、政协类似的作用，作为政府决策的有益补充。决咨委从容桂地区的党代表、人大代表、政协委员、居民代表、工商企业代表中选取具备较强参政议政能力、关心社情民意、热心社会事务、有为容桂经济社会发展做贡献的热心人士40名，定期或不定期开展决策咨询、问计问政，希望以此实现由体制内决策向体制内、外共同商议的决策机制的转变。容桂财政使用方案、桂州医院易地新建方案、凤祥南路改造方案、人行天桥建设方案等一系列政府的重大决策，开始通过决咨委这个新渠道，进入市民的视野当中。

随后，容桂决咨委不断完善，容桂街道各单位和部门也分别成立类似机构，使咨询工作横向到边、纵向到底。例如，容桂小学、穗英小学等成立了校务咨询委员会，以收集对学校管理、教育教学等的意见和建议；上佳市社区将居民代表分成社区调研、居务监督、资产管理、民生福利、文教卫生、社区治理六个小组，让居民代表参与社区管理、监督，集思广益，提高决策的科学性；区环境运输和城市管理局容桂分局成立交通管理咨询委员会，就容桂交通网络的规划、建设以及交通管理等方面听取社会各界的意见和建议。

---

① 参见梁超仪、徐靖、曾毅等《容桂决咨委发展三部曲》，载《广州日报》2012年4月20日。

表 4-5　容桂街道公共决策和事务咨询委员会简介

产生	产生缘由	街道办牵头成立
	对接行政机构	街道党工委（办事处）办公室
	职权范围	收集民意，开展决策咨询研究，对建设项目进行调查研究和论证，对容桂街道党工委、办事处和有关部门的工作提供咨询意见和建议
	性质	带有"准议会"性质的公共决策咨询机构
	章程（条例）	《容桂街道公共决策和事务咨询委员会暂行规定》
	存在时间	从 2010 年 1 月起，至今还在运作
架构	组织架构	设人数 5～7 人的主任委员会，主任委员会设主任委员 1 名、副主任委员 2～3 名
	人员的产生	由街道党工委、办事处统一聘任
	委员（人员）— 人数	控制在 40 人以内
	委员（人员）— 构成	党代表、人大代表、政协委员、居（村）代表、新闻记者以及社会各界人士中有代表性的人物组成
	委员（人员）— 薪酬	无
	委员（人员）— 任期	聘任制，聘期两年
	委员（人员）— 考核	无
日常运作	办公地点	咨询委员会办公室设在党工委（办事处）办公室
	成立调研小组	经济发展类、城市建设类、社会管理类、民生福利类、公共服务类等小组
	经费	街道办事处提供必要的经费
	会议	原则上每半年至少召开 1 次会议，也可根据情况临时召开专题会议
		按各抒己见、民主协商的原则议事，不搞集中表决

资料来源：顺德区容桂街道工作委员会《容桂街道公共决策和事务咨询委员会暂行规定》，2010 年 1 月 14 日。

2010年1月14日，容桂街道印发了《容桂街道公共决策和事务咨询委员会暂行规定》，对决咨委的职能、组成及机构、成员、议事程序等四个方面进行规范。2012年4月25日，容桂街道对《容桂街道公共决策和事务咨询委员会暂行规定》进行修订，印发了《容桂街道公共决策和事务咨询委员会规定》，具体修订的内容有四方面。一是明确提出街道各部门凡与地区事务、社会民生密切相关的公共决策，在提交党工委、办事处联席会议讨论前，都应履行咨询论证的程序。二是明确决策咨询的范围。①凡与地区事务、社会民生密切相关的公共决策议题，在决策前都应履行咨询论证的程序，具体内容包括：国民经济和社会发展规划，年度计划的制订、调整；城市规划，区域规划以及重大工程、重大规划修编；街道财政预决算编制、调整；城市建设、社会管理以及社会民生事项等方面重要政策措施的制定；其他关系基础性、战略性、全局性，或对全区社会政治稳定、经济影响重大的，或与群众利益密切相关、需由政府决策的重要事项。②街道党工委、办事处联席会议讨论决定年度财政预算、民生福利、城市管理、市政建设具体事项，应邀请若干咨询委员会委员列席。三是规定街道办事处提供必要的经费和场所，给予咨询委员会委员适当咨询津贴。四是提出咨询委员会秘书和会务工作，由办公室以"购买服务"形式委托社会机构进行。

2014年9月22日，容桂街道又进一步对《容桂街道公共决策和事务咨询委员会规定》进行修订，印发了《容桂街道公共决策和事务咨询委员会规定》，具体修订的内容有以下三项。一是增加了属于决策咨询范围的四个方面的内容。①重大产业政策的制定、调整。②社区（村）换届、集体资产交易、物业管理、平安创建等重要政策措施的制定、调整，以及其他涉及社区（村）管理的重大事项。③社会组织、公益慈善、社工、义工等社会管理方面重要政策措施的制定、调整。④文化、教育、体育、医疗卫生事业发展的重要政策措施的制定、调整,以及文化、教育、体育、医疗卫生方面的重大项目。不再提出街道党工委、办事处联席会议讨论决定年度财政预算、民生福利、城市管理、市政建设具体事项,应邀请若干咨询委员会委员列席。二是咨询委员会委员聘期由原来的2年修改为3年。三是咨询委员会设经济发展线、市政建设和城市管理线、社区事务线、社会福利线、文教体卫线等5个功能界别,各功能界别主要对所在界别事项开展咨询。每名委员至少选择1个功能界别,还可根据个人情况参加其他界别,每名委员参加界别数量不设上限。每个功能界别人数约10人。

(二) 顺德全区推广阶段

作为广东省"简政强镇"事权改革的试点,容桂在转变政府职能、创新社会管理方面做出了积极探索,其成立的公共决策和事务咨询委员会更是成为政府决策民主化、科学化和透明化的典范。对此,佛山市委常委、顺德区委书记梁维东做出批示:容桂在推进综合改革中进行了积极、有益的探索,决咨委工作走在全区各镇街前列,值得总结、学习、推广。①

容桂街道决咨委的组建和运作,推动了全区各类决策咨询机构的相继成立,在顺德形成了广泛覆盖和参与的决策咨询体系。2010年9月12日,顺德区公共决策咨询委员会成立。第一届48名委员中有17人来自顺德本土企业,其余来自国家行政学院、中国人民大学、广东省内高校、研究团体等学术机构。2/3来自顺德本地,1/3来自广州、北京和香港等地,被分成5个界别。决咨委委员实行聘任制,由区委、区政府颁发聘书,聘期为两年,聘任期满即自动解除聘任关系。委员可以连聘连任。决咨委委员以单位或个人推荐、内部物色、公开征集等方式产生,于每届任期届满前3个月内

---

① 参见林丹《容桂决咨委:探索决策咨询民主化之路》,载《信息时报》2013年8月21日。

进行遴选，名单由秘书处报区委、区政府确定。

决咨委是政府的辅助决策和社情民意征集机构，不具有行政职能。其主要的工作职责有以下四项内容：①对全区经济社会发展战略策略、公共政策、重大措施的制定，重要项目安排以及其他公共事务、议题进行咨询论证、评价分析，出谋献策，提出参考意见；②收集、分析社情民意，就区委、区政府决策的实施和经济社会运行中的突出问题反映社情民意，剖析问题并提出对策建议；③根据区委、区政府的委托，对经济社会发展中的重大事项、突出问题组织课题研究，提交研究报告；④承办区委、区政府交办的其他事项。

决咨委的活动形式采取集中与分散相结合以及讨论与书面相结合的形式进行，主要包括七项内容。①座谈会。原则上每两个月召开一次，也可根据需要不定期召开。座谈会主题及形式由决咨委秘书处根据工作需要安排。②决策咨询会。针对特定的决策、政策论证需要，决咨委召集有关委员召开会议咨询意见。上述各类会议应形成研讨记录，作为决策咨询的重要依据。③调研报告。根据区委、区政府的委托开展专项课题研究，形成书面报告提交区委、区政府参考。④专题建议。决咨委委员可根据全区经济社会发展情况及存在问题，或针对自身关注的热点难点问题，向区委、区政府提交书面建议。⑤直接访谈或书面征询。区委、区政府就某特定事项或个别问题约访决咨委委员，或以征询函的形式书面征询相关委员的个人意见。⑥外出考察交流。决咨委秘书处可根据实际需要，组织委员有针对性地开展实地考察、调研和交流活动。⑦主题演讲和论坛。由决咨委秘书处组织，决咨委委员就区委、区政府的重点、难点、热点工作进行学术和理论探讨。决咨委组织架构见图4-5。

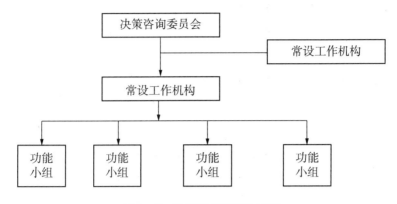

图 4-5　决咨委组织架构示意

数据来源：顺德区委《顺德区决策咨询机构工作指引（试行）》（顺办发〔2013〕30 号），2013 年 8 月 20 日。

2010 年 10 月 29 日，顺德区政府印发了《顺德区公共决策咨询委员会工作暂行办法》①，从工作职责、组织机构、组成人员、活动形式、决策咨询反馈制度、工作条件和保障措施等方面进行规范。该办法指出，首先，决咨委是顺德区公共决策和治理体系的重要组成部分，是推进决策民主化、科学化的重要实践形式。其次，决策咨询按照下列程序进行：①提出决策咨询事项；②确定咨询组成员；③向咨询组成员提供相关文件及背景资料；④召开决策咨询会或通过网络、电话、直接访谈、书面形式，听取咨询组成员的意见和建议；⑤根据咨询组的意见，形成决策建议。最后，提出建立委员工作评价制度。决咨委秘书处对每位委员建立咨询工作档案，根据委员出席活动情况、建言献策质量等对委员进行年度评价，并作为是否继续聘任的依据。决策咨询流程见图 4-6。

---

① 参见佛山市顺德区委办公室《顺德区公共决策咨询委员会工作暂行办法》（顺办发〔2010〕71 号），2010 年 10 月 29 日。

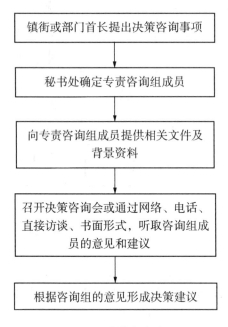

图 4-6　决策咨询流程

目前，顺德全区区、镇两级共有决策咨询机构 30 家，其中，区级的有 4 家、区属部门成立的有 16 家、镇街有 10 家。全区 10 个镇街全部成立了公共决策咨询委员会，此外，还积极探索将决策咨询机构向村（社区）和公营机构（学校、医院等）基层单位延伸，在顺德形成了广泛覆盖和参与的决策咨询体系。初步建立起以区、镇（街）两级为主体，向村（社区）和公营机构延伸的多层次决策咨询体系。区属部门 16 家决咨委，即顺德区公共决策咨询委员会、顺德区经济和科技促进局经济决策咨询委员会、顺德区教育局决策咨询委员会、顺德区公安局公共事务咨询委员会、顺德区司法局法律顾问团、顺德区财税局决策咨询委员会、顺德区人力资源管理决策咨询委员会、顺德区国土建设和水利局咨询顾问组、顺德区文体旅游局决策咨询委员会、顺德区卫生和计划生育局决策咨询组、顺德区市场安全监管局专业咨询委员会、顺德区环境运输和城市管理局咨询组、顺德区城乡规划委员会、顺德区行政审批制度改革咨询评审委员会、顺德区农村综合改革咨询委员会、顺德区社会工作咨询委员会。

顺德下属10个镇街均建立了决策咨询机构，这种趋势还向非政府机构，如村（社区）、学校、医院等基层单位扩展，容桂有5所学校试行校务咨询和监督委员会制度，容桂马冈、乐从葛岸等社区还成立了村一级的"决咨委"。

（三）规范化发展阶段

1. 2011年引入罗伯特法则为议事规则，决策咨询机构运作逐步走向规范化

为了进一步规范公共决策咨询行为，让公共决策利益最大化，2011年11月1日，顺德举行社会创新策略研究报告评审会，邀请多位社会建设和管理创新咨询评审委员会委员，对该区社会管理创新的完善策略进行现场点评和打分。会议借鉴"罗伯特议事规则"发起一项"临时动议"，要求每位委员围绕一个主题展开，限定每个委员每轮只有两分钟发言时间，允许委员有不同的观点并进行辩论，但在每一位委员的发言时间内，其他委员不得打断，同时只能就事论事，不能进行人身攻击，这些规则在取得在场委员同意后成为评审会的"新规"，并总结概括为"不跑题、不打断、不超时、不攻击"。顺德区委区政府办负责人表示，尽管公共决策咨询委员会已经成立一年多，但整个议事规则仍有待规范，而按照顺德社会体制综合改革的方向，公共决策咨询将成为一种制度安排，各镇街和区属部门都要建立决策咨询机构，有必要尝试建立有顺德特色的咨询规则去规范运作。①

---

① 参见顺德公共决策咨询委员会《引入罗伯特法则为议事规程》，载《顺德公共决策秋之实》（会刊）2012年第3期。

2. 2012年制定决咨委章程，决策咨询机构运作向制度化迈进

顺德区各级决咨委也建立了相应的章程来规范运作。例如，2012年11月22日，第二届公共决策咨询委员会第一次全体委员会议通过了《顺德区公共决策咨询委员会章程》①。该章程从工作职责、组织机构、组成人员、活动形式、决策咨询反馈制度等方面进行了详细的规范，明确规定了决咨委委员的工作要求：①深入开展调查研究，积极参加决咨委组织的咨询活动和课题研究；②为区委、区政府的中心工作及难点、热点问题提供建议和反映民意；③以决咨委委员身份向区委、区政府反映咨询活动的情况，对完善决咨委运作机制和活动形式提出建议；④坚持实事求是原则，解放思想，敢想敢言，同时确保所提意见和建议基于事实基础和调查研究、具有可操作性；⑤当咨询事项或研究课题与决咨委相关委员存在利益关系时，相关委员应申明，由主任委员会决定是否需要主动回避；⑥对研究讨论事项负有保密义务。同时，也规定了决咨委委员的权利：①根据决策咨询的实际需要，应邀参加或者列席有关的座谈会、咨询会、听证会以及其他重要的工作会议；②参加决咨委的决策咨询和实地考察等活动；③在区内开展咨询研究活动时，得到有关方面的支持和配合，获得相关决策信息、资料和必要的调研条件；④可接受区属有关部门和镇（街道）的委托进行研究，经费由委托方负责。

3. 制定决咨委机构的工作指引，决策咨询机构规范化、常态化和制度化运作

2013年8月20日，顺德区委、区人民政府印发了《顺德区决策咨询机构工作指引（试行）》。该工作指引从决策咨询机构的成立、决策咨询机构的组织架构及工作职责、决策咨询机构的工作管

---

① 参见顺德公共决策咨询委员会秘书处《顺德区公共决策咨询委员会章程》，2012年11月25日。

理、决策咨询反馈、决策咨询公开等方面对决咨委机构的工作进行了规范。该指引规范了两项内容。①决策咨询机构的工作开展方式。其内容有全体委员大会、专题咨询会、课题承接与调研、听证与参会和各委员会认为合适的其他工作方式,包括参观、考察、培训交流、主题讲座等。②提出决策咨询公开。决咨委是社情民意征集机构,得到社会的广泛认可和支持是决咨委得以运作和发挥成效的基础。因此,决咨委必须建立一个高度的公开机制,包括委员产生、退出、辞聘,工作动态,非涉密议题咨询会会议通知,参与人员范围,议题内容,委员意见,咨询结论,政府采纳情况,等等。其过程可通过"顺德决策咨询网"向社会公开。一方面达到宣传效果,让社会更深入认识决咨委的地位和作用,提高社会参与咨询的积极性;另一方面让公众督促决咨委委员发挥作用,促使决咨委委员广泛收集意见、深入研究,切实反映民意。

三、决咨委的特点与亮点

顺德决咨委作为全国首个县域公共决策咨询机构,具有地方特色,可学习的经验不多,只能在探索中前行。首先,其作为制度化的公民参与到公共政策中的渠道,是公民在公共政策中表达利益诉求的载体;其次,决咨委表现出强劲的生命力,这说明社会需要这样的制度设计,能够代表顺德各界公民发声;最后,决咨委定位为民间力量参与到公共决策中的机构,对体制内的决策产生越来越大的影响。

(一)透明化运作

《顺德区决策咨询工作规程》中明确提出,公开透明不仅是决咨委产生效力的最适当、最有力的途径,也是决咨委必须履行的义务。①决咨委要想成为科学、民主决策的保障机制,首先自身要具备公信力,其自身的公信力也不是与生俱来的,也一样要通过公开透明来建立;②通过公开机制,公众可以随时了解并参与决咨委活动,使得决咨委的辩论环节既是委员展现各自专业观点的过程,也是委员吸收公众意见的过程；③通过公开机制，决咨委在把自身的活动放在公众视野接受检验的同时，也把与行政机关互动的过程展现在公众面前，行政机关的决策草案、决咨委的各方意见、决咨委的整体建议、行政机关的反馈（包括是否反馈、反馈的时间、理由的说明）等，都系统地呈现在公众面前，以良性的互动，促进行政机关及时和认真的反馈。公开机制是决咨委工作的核心机制，是决咨委影响力和生命力的来源。《顺德区公共决策咨询委员会章程》对公开机制做了总体概括，而《顺德区决策咨询委员会章程细则》也用了专门一章（第九章）对公开机制进行了详细的规定。①

1. 建立专门的决咨委网站

（1）顺德区决策咨询网。顺德区一级决咨委层面，建立了顺德决策咨询网②，定位为顺德区公共决策咨询服务平台，是决咨委的专门网站，它具有以下三个特点：①其使用的主体是各个层级的决咨委，区级、各个区级部门、各个镇以及村一级的咨询组织都在使用；②网站的主要内容是关于决咨委情况，主要包括各级决咨委的工作动态、决咨委新闻、信息公告、档案资料、社情民意、决咨委简介、联系方式等；③作为决咨委与公众的交流互动平台，决咨委通过网站公布有关的公共政策信息，征询公众的意见，公民也可以通过网站表达对公共政策的意见和建议。

（2）容桂街道决策咨询委员在线栏目。在镇一级决咨委层面，为更好地收集民意，部分镇街也建立了相关的网站或者栏目。其中，容桂街道在街道官网"容桂政务信息网"上特别开辟了"决策咨询委员在线"栏目，把公共决策和事务咨询委员会的规定、委员名单、电子邮箱、分组情况以及咨询项目在网上公布，便于公民

---

① 参见顺德区公共决策咨询委员会、顺德区委决策咨询和政策研究室《顺德区决策咨询工作规程》，2012年5月。

② 顺德决策咨询网：http://jzw.shunde.gov.cn。

向委员们反映意见和建议。公民可通过电话、电子邮箱直接向委员以及咨询委员会办公室反映建议和意见,也可通过容桂论坛决策咨询在线、容桂论坛咨询项目(课题)发表自己的建议、意见,充分发挥咨询、监督和辅助决策的重要作用。据统计,"决策咨询委员在线"至今已收集民意450多条,大部分集中反映城市环境、交通、教育、医疗等问题,为街道党工委、办事处提供了有力的决策依据。①

2. 决咨委会议开放式参与

决咨委为顺应作为民意代表机构的内在要求,以及提升公信力,探索建立会议的开放式参与机制。部分会议已经开始开放式参与,公民只要感兴趣都可以参与。例如,顺德区环运城管局在推进决策咨询方面,计划探索建立公开机制,对公共交通咨询委员会、环境与城市管理咨询委员会的咨询会议现场,由有兴趣的新闻媒体、市民参与旁听和咨询,公开机制既提高社会参与的积极性,也起到监督作用,促使委员广泛收集意见,反映民意,提升自身的议事水平。②

(二) 形成决策咨询体系

1. 建立决策咨询系统

纵向方面,顺德从区级到镇、社区都建立了决策咨询机构;横向方面,从学校、医院到机关单位也建立了决策咨询机构。"决咨委"在顺德蔚然成风,形成了多层次决策咨询体系。"而对于顺德的政府治理,一个个'决咨委'的成立,就如同在编织一张公众意见的'网',涉及不同领域、不同群体的社情民意信息在'网'上

---

① 参见林丹《容桂决咨委:探索决策咨询民主化之路》,载《信息时报》2013年8月21日。
② 参见万家长《市民可旁听,顺德环咨委探索公开机制》,2014年7月3日,见顺德城市网 http://jzw.shunde.gov.cn/template/view/template.php?id=99605-7460005。

流动，最终成为影响政府决策的社会力量。"① 正是建立这一体系，使得决咨委能够常态化运转起来，使得各类公共决策咨询活动成为常态，立体化公共决策咨询体系初步成型，推动了顺德的公共决策。

2. 推动政府反馈

顺德决咨委发挥政策影响力的重要机制是推动政府反馈，与政府间建立良好的政策互动。《顺德区决策咨询工作规程》中明确指出，政府反馈是决定咨询制度能否持续的最核心因素之一，如果只是咨询而没有反馈，咨询就变成了摆设。因此，《顺德区决策咨询委员会章程细则》第十五章专门讨论了"政府反馈"，认为决咨委不可能设计强制性的机制去要求政府反馈。因而问题又一次回到决咨委影响力和生命力的来源——公开机制。决咨委只有通过建立完善的议案跟踪数据库，以及清晰的披露模式，持续向公众展现政府的反馈情况，不让未反馈或者反馈未给出理由的议案消失，并就重点议题在媒体上反复开展互动活动，才能以温和而积极的良性互动促使政府更加关注反馈的及时性和理由表述的完整性。决咨委以公开机制形成的压力是温和的，同时也是双向的，不仅对政府有压力，对决咨委自身也是提出很高的要求，专业系统、严谨清晰、持之以恒地公示决咨委的工作进程需要很强的执行力，需要决咨委大力提升自身的水平。②

3. 拓展决咨委职责

从重咨询向咨询与研究并重转变，提升决策咨询服务的质量。经过两年多的实践运转之后，决咨委开始探索新的发展之路。其中之一就是推动决咨委职能从重咨询向咨询与研究并重转变，遴选委

---

① 管俊、陈伟鹏：《这个"外脑"不领工资不说官话》，载《佛山日报》2011年8月4日。

② 参见顺德区公共决策咨询委员会、顺德区委决策咨询和政策研究室《顺德区决策咨询工作规程》，2012年5月。

员更注重专业背景与研究能力；决咨委可以根据顺德发展需要和社会热点，主动提出政府需要向社会开展咨询的公共决策项目需求，开展相关研究；决策咨询方式将更加多元化，除了咨询会，还将运用调查考察、课题研究、区领导和委员定期交流等方式。

（三）制度化管理

1. 制定一系列决咨委制度规章

决咨委从诞生之日起，就开始重视制度化建设。镇级层面，作为第一个成立决咨委的容桂街道，容桂决咨委建立的相关制度主要有2010年《容桂街道公共决策和事务咨询委员会暂行规定》（容桂委发〔2010〕2号）、2012年《容桂街道公共决策和事务咨询委员会规定》（容桂委发〔2012〕11号）、2014年《容桂街道公共决策和事务咨询委员会规定（2014年修订）》（容桂委发〔2014〕22号）等；区级层面，决咨委也制定了一系列制度，2010年《顺德区公共决策咨询委员会工作暂行办法》（顺办发〔2010〕71号）、2012年《顺德区公共决策咨询委员会章程》等，这一系列规定对决咨委的运作不断进行完善，推动了决咨委的制度化管理。

2. 建立委员管理制度

（1）建立劝退机制。如何管理决咨委委员，推动组织良性发展，是决咨委必须思考的一大问题。因此，决咨委在其章程中提出，决咨委须建立"委员评估机制"，评价委员的尽责情况和工作能力。决咨委对每位委员建立"咨询工作档案"，根据委员出席活动情况、提议案的数量和质量等确立明确的评价指标，对委员进行评价并公示，为是否继续担任委员提供判断依据。[①] 2011年，容桂决咨委劝退6名委员。当时容桂政府方面表示：被劝退的6名成

---

① 参见顺德区公共决策咨询委员会、顺德区委决策咨询和政策研究室《顺德区决策咨询工作规程》，2012年5月。

员，他们要么是常年不开口，要么是保证不了参与决策咨询的时间。①

（2）明确委员权利与义务。决咨委对委员的权利与义务进行了清晰的界定，以规范委员的行为。《顺德区公共决策咨询委员会章程》中规定，委员的七大权利如下：①独立表达权。委员享有独立发表咨询意见的权利，不受决咨委相关部门或个人的干涉。②言论豁免权。以决咨委委员身份，在会议上、各项活动中、书面报告中或媒体上发表的言论享有豁免权，除非直接煽动威胁社会安全的行为，否则不受追究；区委、区政府应建立机制保障本权利的落实。③参与权。知悉决咨委和秘书处组织的所有活动通知，应邀或主动出席。④知情权。对于与咨询议题相关的必需的信息和资料，有权向政府索取，有权质询并要求答复。⑤调研权。委员到企事业单位、政府部门、社会组织开展调研访谈，区委、区政府应该在尊重受访者权益的前提下，为委员提供证明、协调等便利和保障。⑥组建工作室的权利。委员可以自主组建工作室，开展公众接待、调研等活动。区委、区政府应提供必要的场地、人员和经费的支持。⑦获取工作便利的权利。区委、区政府应该为委员提供工作便利和支持，包括委员工作证，必要的政府部门办公地点的出入证、停车证，必要的移动办公设备，等等。

此外，《顺德区公共决策咨询委员会章程》也规定了委员的四大义务：①参加决咨委各类会议和活动，撰写文章或参与媒体互动，回应公众提问；②对在保密期内的咨询议题的方案内容和决策过程承担保密义务；③尊重不同意见，维护决咨委的整体性，不得在任何场合攻击其他委员或损害决咨委声誉；④不得以决咨委委员名义从事商业活动。

---

① 参见王基国、张培发《顺德决咨委探路政府公共治理》，载《南方日报》2011年6月5日。

四、治理成效

2012年11月，容桂街道获得由独立民意机构——北京零点集团颁发的零点民声金铃奖（倾听民意政府奖），成为全国获得此类奖项的三个街道之一。① 此外，顺德决策咨询体系也入选了广东2011年社会管理十大创新候选榜单。② 决咨委对地方治理发挥了重要作用，有助于民主决策、科学决策。

（1）决咨委推动了顺德施政理念从管理主义治理模式向参与式治理模式转变，悄然改变了顺德的地方政治生态格局。决咨委除了是顺德区委、区政府最高决策机构（即顺德党政联席会议）的智囊团和顾问班子，也是政府和社会、公权力和民间的沟通和联系渠道，兼有社情民意征集作用。它让政府能够更好地倾听民意，重视民意。不是摆设，也不是作秀，决咨委正在成为顺德新一轮综合改革中的一道亮丽的风景线。作为来自体制外的力量，事实上决咨委委员们正在悄然改变顺德的地方政治生态格局，对体制内的决策也产生着越来越大的影响。而扎根社会、贴近市民的公共决策咨询体系和机制将在推进党委政府决策科学化、民主化，促进社会参与，以及创新公共治理的道路上继续发挥越来越重要的作用。

（2）决咨委激发了公众参与公共事务的意识，推动了公民参与到公共政策之中。在公共政策领域，决咨委让各界公民有了一个制度化的渠道正当地去发出自己的声音，推动多元利益诉求的平衡，尽可能让不同利益集团都可以在决咨委表达各自的利益诉求，减少政策信息的扭曲和失真，从而提升了公民对政府决策的认同度，凝聚更多的社会共识。

顺德区政府人员指出决咨委的具体成效体现在三个方面。一是

---

① 参见林丹《容桂决咨委：探索决策咨询民主化之路》，载《信息时报》2013年8月21日。
② 参见辛均庆、徐林《广东南方民间智库昨揭牌》，载《南方日报》2012年1月13日。

让顺德区政府领导班子的视野更开阔了。各方委员的参与，给政府决策者带来了很多好东西，倒逼着决策者解放思想，提升决策水平，减少决策失误。二是提升了顺德整体决策水平。咨询机构对全区的重大决策产生了相当好的作用，使决策的水平大幅度的提升，决策思路的产生得到提速。三是群众对政府决策的认同度得到提升，就像容桂建设天桥的案例，政府花了那么多钱，但由于决策咨询的作用，天桥的位置得到更多市民的认同，得到市民的关注，减少了埋怨。① 归纳而言，决咨委的治理成效体现在以下四个方面。

（一）建立顺德发展智库

决咨委的委员中，专家学者和社会精英占了一定比例，引入了很多不可多得的智力资源和工作资源，带动了顺德经济社会的综合转型升级。决咨委作为顺德的民意"智库"，为政府思考决策的同时，也能够收集来自决咨委委员的意见和建议，科学地对政府工作进行评估和决策。

决咨委委员大多由熟悉顺德地情民情的各行业精英代表担任，截至2013年12月，区、镇两级共有在册委员数818名。其中，区内委员693名，占84.72%；区外省内委员103名，占12.59%；省外（含境外）委员数22名，约占2.69%。②

（二）决咨委活动常态化③

1. 决策咨询活动丰富

2013年，全区全年举行决策咨询活动160场次，举办各类培训、讲座68场次，开展课题研究61项，各决策咨询机构平均举办

---

① 参见张培发、王谈、南盼《参与式民主推动政府决策科学化》，载《南方日报》2012年11月23日。
② 《图解决策咨询工作》，见顺德决策咨询网 http://jzw.shunde.gov.cn/tujie/index.php?id=10667。
③ 《图解决策咨询工作》，见顺德决策咨询网 http://jzw.shunde.gov.cn/tujie/index.php?id=10667。

活动5.33次,决策咨询工作逐步实现常态化。决策咨询活动频次排前十的机构见表4-6。

表4-6 决策咨询活动频次排前十的机构

决咨委机构名称	次数
顺德区公共决策咨询委员会	19
顺德区文体旅游决策咨询委员会	19
顺德区规划委员会	13
顺德区农村综合改革咨询委员会	8
陈村镇公共决策咨询委员会	7
容桂街道公共决策和事务咨询委员会	6
伦教街道公共决策咨询委员会	6
北滘镇公共决策咨询委员会	6
乐从镇公共决策咨询委员会	6
顺德区社会工作咨询委员会	5
顺德区教育决策咨询委员会	5
顺德区公共交通咨询委员会	5
龙江镇公共决策咨询委员会	5
均安镇公共决策咨询委员会	5

2. 征集意见、建议多

全年共收集各类委员建议1331条,被采纳666条,109条意见建议对区、镇两级政府决策产生了重大影响,其中5条还受到主要领导的特别批示。意见、建议提出量前十的机构决咨委见表4-7。

表4-7 意见、建议提出量前十的机构

决咨委机构名称	数量(条)
顺德区公共决策咨询委员会	309
文体旅游决策咨询委员会	145
顺德区教育决策咨询委员会	142
顺德区规划委员会	91

(续表4-7)

决咨委机构名称	数量（条）
龙江镇公共决策咨询委员会	67
容桂街道公共决策和事务咨询委员会	58
乐从公共决策咨询委员会	53
陈村镇公共决策咨询委员会	53
顺德区地方税收拓展研究室	43
顺德区社会工作咨询委员会	42

（三）创立了决咨委的品牌活动

经过近几年的发展，决咨委形成了独立的品牌活动，主要有研究分享活动、问计问策活动、公众评议活动、凤城讲堂、顺德体制改革讲座、改革镇街行活动。

（1）研究分享。为创新顺德区决策咨询委员会委员课题交流学习方式，进一步规范和提升委员课题结题管理工作，顺德区公共决策咨询委员会就委员提交的课题将定期召开委员研究分享会，为顺德的发展增添智力支持。这样的课题分享会在顺德决咨委是第一次举办。"以往也有委员向我们提交一些调研报告，但那些报告仅作为内部参考使用。今天我们首次尝试公开分享委员提交的报告，让委员的劳动成果得到更广泛的传播并发挥作用。"

（2）问计问策。为进一步健全、推进公众参与，提高决策的质量和水平，顺德区每个部门都将定期抛出一个重大事项让决咨委委员献计献策。"幸福顺德"的推动需要政府的引领，但更希望顺德市民积极参加；而问计问策决咨委则让政府更清晰地听到民间的声音，让决策民主化、科学化，让建设幸福顺德成为每个人的事。

（3）公众评议。为进一步保障和改善民生，提升全区公共服务水平，根据党的十八届三中全会关于"创新社会治理体制"的精神和《中共广东省委贯彻落实〈中共中央关于全面深化改革若干重大问题的决定〉的意见》中关于"建立公共政策与公共服务的公众评议评价机制"的要求,结合本地实际,顺德将探索建立公共服务政策与项目公众评议机制。

(4)凤城讲堂。由顺德区公共决策咨询委员会主办,顺德区社会创新中心协办的"凤城讲堂"正式开讲。作为顺德公民素质教育的新平台,"凤城讲堂"免费向公众开放。市民还可以带着各种社会话题前来交流。"'凤城讲堂'是社会大讲堂,听取群众声音的同时,向群众传递我们的声音。决咨会和社会创新中心通过这个活动与社会更密切地接触。""凤城讲堂"以后将会每月举行一次,邀请专家来做主讲,通过微博、论坛、媒体向群众发布"凤城讲堂"的信息,让群众积极参与。

(5)顺德体制改革讲座。顺德体制改革现正如火如荼地进行,为提高各级各部门体制改革的实践能力,调动公众参与的积极性,区社会建设和管理创新工作委员会办公室从2012年1月起定期举办系列讲座。讲座举办以来,各界人士反应热烈,主动联系要求参加培训。为顺应社会需求,现从第四期开始公开接受社会各界报名参加。

(6)改革镇街行。为加强机关干部和社会各界对顺德"三大改革"的理论和知识培训,区社建办连同区公共决策咨询委员会组织专家和决咨委委员组成"改革讲师团"到各个镇街(含村居),围绕顺德"三大改革",组织专家和决咨委员以贴近基层、贴近群众的形式进行多维度、立体式的宣讲交流活动。

(四)凝聚社会共识

在一项公共政策中,社会共识是达成政策的基本前提。通过决咨委,能够让政策的利益各方充分表达意见、充分辩论,从而让各方的意见一致,达成基本的共识。当一项政策提交给决咨委进行咨询时,委员们通过实际调研,听取利益各方的意见和建议,然后将建议反馈给政府,让政府和公民间达成基本共识,从而使各种不利因素降到最低。决咨委代表的正是公众,它的发声将更能令公众信任以及理解。让决咨委决策,不仅能够帮助政府克服阻力,还能迎来更多的支持。"①

三、探索中的经验及挑战

(一) 经验

1. 自下而上的参与诉求与自上而下的治理创新相结合

(1) 公共事务决策征询民意制度是民间与官方合力产生的结果,是民间与官方互动的有效机制。在民间,由地方政策公共知识分子、意见领袖、利益相关者组成了一支向上表达政策利益诉求的队伍,积极通过制度内的渠道参与地方治理;而官方层面,随着政策科学化、民主化要求的深化和公共政策产生的矛盾增多,政府对政策的民主化和获得公民的政策支持越来越重视。因此,一些相对开明的地方主政者会增加公民参与地方公共政策的机会,打开政策机会之窗,满足公民日益增长的参与诉求。

(2) 自下而上的公民参与的活力离不开官方的支持。在广州和佛山的案例中,作为官方积极推广的地方治理创新模式,对公民参

---

① 陈芷伊:《决咨委发声逆转决策拐点》,载《南方日报·佛山观察》2011年8月12日。

与决策是持积极支持态度的。地方纵向的各个层级政府和横向的各个政府部门对决策征询民意制度都拥有较高的接受度和支持度,这是公民参与机制有效运转的前提。首先,允许公民参与政府的决策会议。广州公咨委委员有机会走进市政府常务会议,在这一最高的决策会议上表达自己的意见;顺德容桂各部门一把手均参与容桂决咨委会议,听取委员代表的建议。其次,地方主政者为公民参与组织提供办公场地、办公经费等,为公民参与提供后勤保障。最后,最重要的是两地都建立了公民参与意见反馈机制,对公民参与反馈的意见提供采纳或不采纳的回应机制。

(3) 公民参与和官方治理创新存在合力,也存在一定的张力。公民在参与地方政策过程和与官方互动过程中,不可避免地会存在一定的矛盾与冲突。如何协调冲突,有效磨合,既考验民间智慧,也考验地方主政者的魄力。在广州和佛山的案例中,作为地方政府创新的一大成果,地方政府以较大的包容心态,给予公民参与较大的活动空间,拓宽了公民参与的宽度与深度。

2. 组织化的利益表达机制

(1) 成立了相应的组织,以组织化的形式参与。为了能够和政府平等对话,居民需要组织起来,成立团体来聚集力量。① 广州成立了公众咨询监督委员会,而顺德成立了决策咨询委员会,这些机构的成立是以组织化的形式推动公民参与。以组织化的形式参与,可以节约政府和民间的政策参与成本。对公民来说,拥有本职工作,参与公共政策过程中存在一定的成本,理性的选择是推选自己的利益代表;对政府来说,应对无组织的公民个体,政府需要投入较高的成本。此外,公民以组织化的形式参与,还能在组织内调整

---

① 参见王垄、张扩振《西方地方治理中的协商民主制度构架》,载《学术界》2014年第6期。

内部矛盾，达成政策诉求的共识，更好地维护群体的利益。

（2）征询民意机构的成员，以组织化的形式发声。征询民意机构委员作为公民政策诉求的代表，其代表的是组织的意见，反映的是群体的诉求。因此，征询民意制度对委员表达意见和建议做了明确规定，即必须以组织化的形式表达，维护组织的利益。顺德区公共决策咨询委员会对此做出了明文规定：在行政机关决定是否采纳某个委员的某个意见之前，这个委员的这个意见首先应该获得更多的委员的采纳或修正补充，也就是说，决咨委应该以整体的姿态出现，决咨委应该通过议事规则讨论形成能代表全体委员整体意愿的建议，集体向行政机关发声。总之，决咨委应该以整体的姿态出现，集体发声，自主行动，而不是简单地等待政府的推动，否则很容易演变成行政机关的附属。①

（3）在公共政策过程中，以组织化的形式整合。首先，是以组织化形式整合政策的参与者，通过民意征询委员会的方式，将对政策感兴趣并愿意参与到政策中的参与者整合在一起；其次，是以组织化形式整合政策资源，包括宣传动员资源、利益表达资源和政策输入资源等，提高政策影响力；最后，是以组织化形式整合利益诉求，提高组织内部的认同和一致性。

3. 制度化地运作

（1）建立了征询民意制度运行的制度体系，使组织运行有章可循。一方面，政府部门制定了如何征询民意决策、民主化决策的制度，推动政府部门对民意组织的制度化规范。2010年广州颁布《广州市重大行政决策程序规定》、2013年制定《广州市重大民生决策公众意见征询委员会制度（试行）》，对决策征询公众意见做

---

① 参见顺德区公共决策咨询委员会、顺德区委决策咨询和政策研究室《顺德区决策咨询工作规程》，2012年5月。

出明确规定；2013年佛山颁布《佛山市重大行政决策程序规定》《关于进一步加强全区决策咨询工作的通知》，对决策程序中征询民意也做出相应规定。另一方面，征询民意组织自身建立了运行章程，推动组织的制度化运作。广州市公咨委制定了《公咨委章程》，顺德区决咨委制定了《顺德区公共决策咨询委员会工作暂行办法》《顺德区公共决策咨询委员会章程》《顺德区决策咨询工作规程》等，通过这些组织的章程，使得征询民意组织运行制度化。

（2）建立具体的组织运行细则，使委员履职规范化。无论是广州的公咨委，还是佛山的决咨委，对组织的运行都制定了一系列的具体细则，如开会的议事规则、意见建议的反馈机制、经费使用流程、媒体宣传规则、委员的权利与义务等，使得组织得以有效运转起来。

（3）与政府间建立制度化的协商机制，使得互动协商民主化。由于广州和佛山的决策征询民意制度得到了地方政府的认可和支持，因此，公咨委和决咨委与政府间建立了良好的互动协商机制。如意见建议表达机制、协商沟通机制、政策信息传达机制和意见反馈机制等，这些机制促进了公民与政府间的良性互动。

4. 吸纳地方精英的参与

在地方治理实践中，地方党委和政府通过吸纳社会精英进入人大、政协、工商联、人民团体等体制内组织，既提供参政议政机会，也通过体制内协商化解和消除分歧。[①] 在地方公共政策治理过程中，通过建立征询民意机构，吸收了利益相关的公民参与，更重要的是吸纳了地方精英的参与。

（1）吸收既有体制内地方精英的参与。广州和佛山都吸收了地

---

① 参见杨宏山《整合治理：中国地方治理的一种理论模型》，载《新视野》2015年第3期。

方的党代表、人大代表、政协委员等制度内的有参政议政经验的代表参与，广州对此还规定了比例为1/3左右。这些体制内的地方精英为征询民意组织的发展带来了政治资源，提供了组织的合法性，便于征询民意组织与政府部门工作的沟通。

（2）吸收了地方公民中的意见领袖的参与。在公共政策的诉求表达过程中，涌现了一批积极、活跃参与的意见领袖。征询民意机构将这些意见领袖吸纳为组织成员，一方面，由于他们主要维护利益相关方居民的利益，具有一定的公民代表性，居民比较信任他们，而不会感觉"被代表"；另一方面，他们作为意见领袖，能够整合公民间的意见，促进公民间内部利益诉求的一致性。

（3）吸收公共政策所涉及领域的专业人士的参与。由于公共政策具有一定的专业性，需要专业的知识，才能对政策做出比较客观的评价。因此，在实践过程中，广州和顺德的征询民意机构都吸收了相关专业领域的专业人士，增强对政策的理解，传达专业的知识，提高政府和公民对公共政策的理解并使之达成共识。

（二）现实困境

1. 组织存在的必要性及合法性问题

作为地方治理中诞生的新事物，公咨委和决咨委（为便于读写，下文统称"征询民意制度委员会"）都面临着组织的定位问题。这一问题关涉组织是否有存在的必要性以及存在的合法性问题。虽然公咨委和决咨委分别在两地蓬勃发展，并进一步推广，对地方政府治理决策的影响日益明显；但经过了这几年的运作，仍面临着"身份不明"的尴尬，受到质疑。

（1）与已有正式制度机制之间的矛盾，缺乏合法性。市民及政府官员，甚至连委员自身也常有这种疑问：公咨委和决咨委与人大代表、政协委员和党代表有什么区别？从工作内容看，他们都会从事民意收集、反映民意、为政府决策献计献策的工作；此外，从制度设计看，"征询民意制度委员会"只是一个"非正式"机构，在目前的政治制度安排中没有获得明确的位置。由于非正式性，在定位和效力上面临着执行困难。

（2）地位定位不清，缺乏主体独立地位。征询民意制度委员会是行政部门下设的民意咨询机构，还是独立的民意组织，或者第三方政策咨询智囊机构？对其处于怎样的位置，缺乏明确的说法，更没有法律层面的支撑。其既不能自诩为民意化身，更不能沦为行政部门的民意道具。

（3）职权不清，缺乏执行力。征询民意制度委员会本来被赋予在决策过程中沟通官民、疏通民意的重任，然而，对其扮演的是决策咨询者，还是监督者，或者是意见收集者，目前没有明确的定位。甚至当委员意见与政府意见存在较大分歧时，将被如何对待，同样悬而未决。因此，公咨委既非政府内设机构，也非民意机构，这就注定了其在行政部门与民众之间两头都不讨好，甚至面临来自两头的共同"夹击"：公众认为公咨委没有很好地代表民意，成为政府的"附庸"，只为政府发声；政府部门则认为公咨委只是建议者，没有决策权，更无否决权，从而使公咨委身份非常尴尬。① 因此，征询民意制度委员会是仅仅只有建议权，还是被赋予一定程度的否决权？对其所提出的建议，政府部门是否必须采纳？决策效力靠什么来保障？这些都是需要厘清的问题。

2. 委员选拔的有效性和调动委员主动性问题

考察广州和顺德各个层级和类型的征询民意组织的发展状况，

---

① 参见朱忠保《公咨委要有独立性，首先身份定位要清楚》，载《南方都市报》（深圳）2015年1月8日。

各个组织发展参差不齐，获得的社会认同差异大。其中，重要影响因素是组织的委员作用的发挥程度的差别，委员是组织有效运转的核心。

（1）委员选拔缺乏科学性。有些组织的委员产生缺乏代表性。例如，委员由抽签产生，广州公咨委新一届委员在广州市公证处的现场公证下，通过公开投票和公开摇珠的方式产生。委员产生分两个环节进行：第一环节由上一届公咨委委员对专家组、市民组有留任意愿的委员进行投票，第二环节通过公开摇珠确定专家组、市民组余下席位的正式委员和候补委员。通过摇珠，抽取专家组正式委员5名和候补委员7名，抽取市民组正式委员5名和候补委员10名。[①] 这种委员选举程序缺乏科学性，导致在一次公开活动中，某委员被介绍为"市民代表"，他当场反驳："千万别这么叫，我不能代表市民，首先没人选过我，即使有人选了我，但还有一些人没选我，我怎么代表他们呢？"[②] 而且能够代表民意的委员必须了解民意，可委员们本职工作都比较繁忙，听取基层市民意见的时间比较有限。

（2）如何能够调动委员的积极性和主动性。首先，什么样的公共决策事项能够让委员有兴趣参与？怎么样让委员有兴趣参与公共决策？这是征询民意机构面临的现实难题。机构的运作基本是按照自愿性原则，需要委员极富责任心和荣誉感并乐于参与。因此，现有制度下有可能导致委员积极性低，机构会议的大面积缺席和一批"僵尸委员"的诞生，即委员不参与、不表达、不调研、不征询民意。在第一届容桂决策咨询委员会中，就有6名委员由于不作为而落选。其次，调动委员的热情和积极性之后，怎么样让其保持热情

---

① 参见杨进《新一届公咨委拟任委员产生》，载《广州日报》2015年6月28日。
② 参见谭欢、廖颖谊《废弃物公咨委成立两年，政府诚意难掩委员失落》，载《新快报》2014年10月14日。

和积极性？其中重要影响因素之一是让公咨委真正发挥应有作用，具体表现在委员的意见是否得到应有的尊重，以及机构的意见有多少被政府采纳。因此，只有提出有价值的对策建议，解决公共政策中的难题，才能有效避免政府不看好、群众也不感兴趣的尴尬。最后，委员参与征询工作的保障。征询工作是社会公共事务兼职，大多数委员都有本职工作，委员来自各行各业，时间上不灵活。如何有效协调委员的本职工作，让其免去参与征询民意工作而影响本职工作的担忧，也是一大现实问题。问题是在完善参与制度中如何保证充分的参与时间？尽管多数委员都有较好的分析与思考能力，有的还是某领域的权威专家，但没有调查了解，就没有发言权。参与公共事项咨询不仅要对事项有一个初步的认识，还要花费大量的时间去收集群众意见。委员都有自己的工作单位和事业，工作压力较大的委员要抽出时间去开展决策咨询，一两次可以向单位请假，但多了就不方便了。因此，委员的工作需要通过制度来获得单位领导的支持。

（3）"明星委员"的影响力，特殊个体对组织效用的影响问题。特殊个体对公咨委效用的影响问题存在一定"名人效应"。究竟如何来看待"明星委员"的影响力，在试点机构成功的背后，他们所起到的作用是关键性的还是偶然性的？同时，公众对"明星委员"的认同感强，信任感强，民意的表达诉求集中向"明星委员"反映。因此，征询民意组织必须积极发挥明星委员的作用，又不能因为明星个人而影响整体组织的功能发挥。

3. 组织的作用发挥缺乏保障

（1）有效发挥组织的功能，避免流于形式，使组织自身运转起来。当征询民意制度刚刚出现的时候，社会给予高度的关注和期望，委员也满怀热情地参与到工作中来。但是，经过一段时间的运作，不再受到主政者的关注时，征询民意制度就开始受到冷落，所起到的作用也开始减弱了，慢慢沦为一种"伪参与"。

（2）征询民意委员会不具有实权，且不在政府考核指标之列，作用发挥程度依赖于决策部门。用不用、怎么用征询民意委员会，很大程度取决于决策部门对征询民意制度的认知程度。有些决策部门觉得征询民意委员会是个"花瓶""摆设"，因此委员们在配合执行时多走走形式，无法在具体决策中真正发挥作用，他们收集到的社情民意也无法真正被重视。

（3）政府主导，政策议题选择权不在委员手中。"公咨委从成立之初，就是由政府主导成立的，正是因为政府主导，所以它才获得合法性和权威性，也才具有吸引力"，从一开始它就带有鲜明的官方色彩。就目前而言，征询民意委员会仍然处于被动的局面，讨论的政策议题不是由委员会决定的，而是由决策部门根据工作的需要，提出咨询议题。

四、参与式治理对地方治理的启示和建议

（一）参与式治理对地方治理的启示

1. 参与式机制有助于消解决策风险成本

公共政策涉及利益群体众多，存在一定的不确定性。征询民意制度委员会的主要职能是减小社会阻力，化解改革风险。委员会代表公民的利益诉求，使受决策影响的利益各方都能获得利益平衡，

减少了决策的风险成本。

2. 地方改革创新的动力来源于社会参与

当前，我国处于全面深化改革的关键时期，改革新动力是社会建设。社会参与是社会建设的重要组成部分，是建立公民社会必不可少的要素。首先，公民参与提供了改革的社会资本。改革只有取得社会的支持，形成改革的社会共识，才能有效地将改革深入。其次，公民参与为改革的深化提供了智力源泉。蕴藏于民间的智慧有助于主政者了解社会的状况和社会的发展需求，从而顺利推动改革的进程。最后，公民参与减少了改革的阻力。公民参与到改革之中，能够更好地理解改革和支持改革，减少改革的社会阻力和成本。

3. 公民参与地方治理有助于地方治理体系的现代化

地方治理体系的现代化离不开公民参与，公民参与式地方治理体系是现代化的基本内涵之一。首先，公民参与培育公民精神，形成善治的公民文化，推动地方治理的发展；其次，公民参与提升地方治理决策的民主化、科学化水平。在地方治理决策过程中，政府与民间的协商能够使政策更加符合民意，体现人民的意志和人民的主体地位，促进政策的实施；最后，公民参与对地方政府而言是一种外在的监督，促进地方公共权力运行的规范化、透明化，提升地方政府的服务能力。

（二）推进地方治理创新的建议

1. 不应忽视普通公众作用

扩大公众参与度，不走精英化路线。要注重发挥普通公众的作用,尤其是涉及百姓福祉的重大民生项目,更要坚持问计于民、问需于民。决咨委和公民的互动性很强,公民充分表达自己的诉求,委员整理后向政府反映,提高普通公民在地方政策过程中的作用,使政府决策更具有民意基础和合法性,推进协同共治的社会治理新格局的定型。

2. 营造良好的参与式决策氛围

征询民意制度需要一个良好的社会环境和咨询氛围,需要培育征询民意的文化。首先,需要政府的开明决策氛围,包容公民参与地方政策过程;其次,需要公民意识的觉醒,公民能够关注公共决策,参与到公共决策过程中来;最后,需要培育民主协商的氛围,构建政府与民间良性互动的机制,增进公民与政府间的互信,达成公共政策的共识。

3. 加强决策咨询工作的制度化,以促进其专业化、规范化、常态化建设

(1) 机构运行的制度化。将决咨事项制度化将是重要议题。如征询民意机构怎么建立,怎么加强委员间的沟通和交流,建立怎样的征询民意制度,使咨询事项、咨询具体程序、咨询的意见公开、咨询回馈等具体事项制度化,这些都需要深化。

(2) 机构定位的制度化。征询民意机构是咨询系统,不是决策系统。体制外的声音如何传递到体制内,并启动体制内的政策变动,形成透明的、良性互动的闭环,光靠美好的愿望和呼吁并不起作用,还需要制度保障。如果决咨会议召开与否与官员升迁关系不大、与绩效考核关系不大,那么这样一个体制外运行的事物也将很难维持下去。唯有确定需要对此负责,人们才会全力以赴去做一个事情。

(3) 整个公共政策过程制度化。咨询不只是前和后的关系,应

该是一个动态的过程，要有过程性的咨询。不管是前还是后，只要是重大的问题、重大的事项，不管这件事情做之前、正在做还是做了之后，都需要决策和咨询。

（作者：巫长林）

第五章

参与式网络治理创新经验案例研究
——以河源网络问政为例

近年来,广东省河源市依托"公仆信箱"网络问政平台,经历了从个别领导尝试到集体组织实践,从留言板到网络问政平台,从网络问政到数字河源建设起步的探索。河源借助信息科技的辅助,整合行政资源,创新党群沟通方式,拓宽公众参与平台,推动政府治理模式的创新升级,探索出新的地方治理经验——网络问政。

一、河源网络问政发展的背景

网络问政起源于2010年温家宝等重要领导人与网民进行在线交流。网络问政本身并没有严格的概念界定,既没有指明是官方网络还是民间网络,也没有说明政府与公众交流的形式是什么。在目前的用法中,网络问政仅仅指的是政府部门或者官员在互联网上进行交流。黄明哲、王云燕(2010)指出,网络问政是指领导干部和群众通过互联网进行交流,问政的主体是公民,问政的对象是政府及领导干部,问政的内容包括公民向政府提出各种诉求、对政府的工作提出批评和建议等,问政的过程意味着公民对政府及领导干部的监督、批评和约束。另外,网络问政还包括政府问政于民,就一些重点工程和重大决策向网民征求意见。申建英等也提出了类似的观点。黄明哲、申建英、杨宪福、张尚仁等都对网络问政的特征进行了研究和探讨,总结出了互动性、开放性、平等性、虚拟性、双向性、丰富性等诸多特点。(朱考金,2011)其内涵包括了政府利用网络加强与市民、公众进行沟通的各种努力和尝试。既包括领导者个人主动与网民在线交流,也包括了政府网站的不断建设、发展,还包括了相关法律、政策和规章的出台。

从关于网络问政的报道中可以发现,广东"网络问政"的深度、持续度在全国名列前茅。(刘兢,2011)广东的网络问政早在2008年4月时任中共广东省委书记汪洋和时任广东省省长黄华华与网友在珠岛宾馆座谈时就已经开始了。网络问政更被大家接受的概念是"政府通过互联网开展宣传，了解民情，汇聚民智，从而实现科学决策、民主决策的过程"。（孙文柱，苏平，孙莹玉，2011）2011年"两会"上，不少地方更是把"网络问政"正式写进政府工作报告。这一词汇开始进入官方话语中，成为正式的文件用语。而温家宝总理的两次在线访谈更进一步掀起了民众的"网络问政"热情，使得网络问政走入公众日常生活。（邓聿文，2011）鉴于网络问政概念混杂，并没有特定的内涵，更不是确切的学术概念，因此，本文对这个词汇做一个概念界定，本文所应用的网络问政指的是政府依托互联网主动采取的，对政府活动、政策等进行信息公开等一切为了加强政府与公共互动的措施和政策。

河源是广东省的一个县级市，位于广东省东北部，地处东江中上游，东靠梅州市，南接惠州市，西连韶关市，北邻江西省赣州市，是客家人的主要聚居地之一。全市面积1.5642万平方公里。管辖源城区、东源县、龙川县、紫金县、连平县、和平县共五县一区。全市现设有99个乡镇、4个街道办事处、1251个村委会和155个社区居委会。由于其重要的环境地理因素，河源作为广东省北部的"万河之源"，担负着惠州、东莞、深圳、广州及香港等地几千万居民生活、生产用水的重任。有着"东江流域地区的水源生命线"和"韩江流域的发祥地"双重身份的新丰江水库（万绿湖）在河源举足轻重。广东9000多万人口，有6000万人口所食用的水都来自河源。然而，河源的经济发展与广东的其他县级市相比却相对保守和滞后。

河源市的网络问政缘起于2008年8月18日的"华哥信箱"，是由时任市委书记本人在网络上的一次回帖开始的。2009年8月10日，"华哥信箱"升级扩容为由市委办、市府办、市纪委、市信访局、市信产局、河源日报社、市公安局网警支队等8家单位主办的"公仆信箱"。2009年12月，河源市宣传部进一步将"公仆信箱"扩展到全市所有县直部门和乡镇综治信访中心，信箱从原来的

186个扩展到1020个。"公仆信箱"成为拥有1020个覆盖全市市、县、镇三级党委政府和部门的子信箱的网络问政平台。至此,最早运营的"公仆信箱"初具规模。

河源市发展网络问政的速度是以月来计算的。2010年3月,河源市开通"公仆在线"和"公仆微博"。"公仆在线"主要采用"点评网友来信""网友留言板""网友评报"等报网融合的形式,主要关注民生话题,但多数是一种简单的观点表达。"公仆微博"作为一种互动交流的平台,则更加深入。公仆微博通过强制要求官员开通微博,将政府活动、重大项目和政府政策、计划等公之于众,一方面作为一种宣传,另一方面也接受群众的意见和建议,互动程度更为强烈。2010年8月,河源又开通了"公仆信箱"信件跟帖系统——"公民广场",将网民反映的问题开放给所有网友讨论。这主要是一种"意见征集系统"。2011年2月,河源开通"公仆信箱"手机版和手机短信信访系统,将网络问政的触角延伸至广大手机用户,进一步完善了政府的"电子政务"体系。因此,严格来讲,网络问政是一个互联网的问政体系,而不是某一种形式。

作为广东省率先开展网络问政的城市,河源市"公仆信箱"是中国网络问政一个具有示范性意义的样本。不仅所有的干部、领导卷入其中,公民的参与也十分积极、热忱。根据官方的工作总结显示,截至2011年3月底,河源的"公仆信箱"已收到3.93万封网民来信,平均每天将近50封。[①] 官方网站一时间不再是清清冷冷的"冷衙门",群众参与、官员互动,参与程度、规模和问政深度都十分具有典型意义。在广东省南方报业集团主办的网络调查中,河源的"公仆信箱"被评为"2009广东网络问政十大经典案例",河源市委办公室被评为最受网民关注的"广东网络问政榜样机构"。在

---

① 参见河源市政府《创新执政理念 建设幸福河源——回首河源"网络问政"三年》。

广东省首届网络文化精品评选中,"公仆信箱"获得综合类互动平台类精品奖铜牌;河源获得"最受网民关注的网络城市"大奖。①在南方报业传媒集团联合中共河源市委及人民网、中山大学政务学院、凯迪社区、南方民间智库等机构,于2011年2月举办的中国第二届网络问政研讨会上,河源荣获"网络问政年度城市"。河源的网络问政产生了很大的社会影响力。除此之外,政府还采用强制、宣传和引导的多种方式展开宣传,提高知名度。开展网络知识讲座、培训"箱主"。因此,"网络问政"平台本身的知晓度相对较好。

(一)时代背景:网媒发展下的"互联网事件"与"政务公开"

随着信息科技的普及发展,中国的网民规模和网络问政平台都逐年增多。中国互联网络信息中心(CNNIC)发布的《中国互联网络发展状况统计报告》显示,从2008年至2015年上半年,中国网民数量和网络普及率逐年递增,截至2015年6月底,我国网民规模达到6.68亿元,互联网普及率为48.8%。得益于其迅猛发展及匿名的表达方式,互联网逐步成为政府发展政务的窗口,全国各级行政机关建立起多样的"网络问政"板块。现在,各级各部门政府门户网站均设有在线交流、网上留言等模块。除此之外,由政府主办的媒体网站甚至独立新闻网站也设有"网络问政"相关模块,比如人民网的"地方领导留言"栏目。

近几年,迅速发展的网络媒体以及网络本身的特性是网络问政蓬勃发展的物质基础和保障。首先,网络对信息共享者发布和寻求

---

① 参见《由南方报业集团和奥一网主办的第二届中国网络问政研讨会暨2010年度广东网络问政排行榜揭晓仪式揭晓》,见广东共青团网站http://www.gdcyl.org/Article/ShowArticle.asp?ArticleID=97170。

信息几乎没有时间上的限制，甚至能够做到没有延迟的即时信息交流，节约了信息交换的时间成本；其次，在空间上，通过互联网分享信息也很随意，即使是在偏远地区也可以做到"广为人知"；最后，互联网对信息共享者的身份没有特殊要求，是一个开放性的言论空间、信息传递渠道，任何人都可以参与其中，都可以使网络为己所用。在中国互联网络信息中心发布的最新的《第38次中国互联网络发展状况报告》显示：截至2016年6月，中国农村网民占比26.9%，规模达1.91亿人。截至2016年6月，中国网民手机上网使用率为92.5%，较2015年年底提高2.4个百分点。

网络由于其即时性、便利性在转型时期的中国出人意料地成为民意的重要表达渠道，造就了新媒体最早的"网民队"。汶川地震后，天涯社区全站日均发帖量增加66%，5月19日一天发帖量为平时的238倍。从博客时代到微博再到微信，用户规模不断扩大，曾经散落的中国人民依靠互联网的力量被发动和联络起来。互联网通过技术平台（博客、QQ空间、论坛、微博、微信等社交软件），依托抢眼的标题事件报道、名人的评论转发，不仅仅迅速吸引大量关注，而且起到政治动员的作用，在很多群体事件和社会抗争运动中，互联网和新媒体起到不容小觑的作用。例如，2003年的"孙志刚事件"。在广州街头闲逛的湖北青年孙志刚，因未随身携带暂住证被警方带去盘查，朋友几次保人未果，数天后因所谓突发"心脏病"而猝死在收容站内。经披露后，网上迅速掀起议论热潮。网民剖析事件细节，表达观点，质疑孙志刚死因，并直指收容遣送制度的不合理性。最后，在媒体、学者和网民以及相关部门的共同努力下，事件真相得以查明，不仅相关的肇事人受到了应有的惩罚，并且使《城市流浪乞讨人员收容遣送办法》被废止。[①]这次事件被

[①] 参见《孙志刚案》，人民网 http://society.people.com.cn/GB/shehui/212/10857/10858/index.html。

一些学者看作"网络问政"的发端。不仅如此，网络监督也日渐发挥重要作用。87.9%的网民非常关注网络监督；当遇到社会不良现象时，99.3%的网民会选择网络曝光。这些关注时事、热心参与、负有社会责任感和正义感的网民群体成为新媒体早期活跃的最核心群体。他们作为推动互联网参与的排头兵，不仅仅构成了互联网参与的主要群体，更推动了政府将互联网参与纳入工作内容和政策议程。

从"网络事件"到"电子政务"的常规化还是经历了相当长的时间的，刚开始，政府只是将网络作为信息传播的便捷渠道，发展政务公开。其特点是政府较多地只是作为单方面的信息发出者，不进行信息的回馈和进一步的交互式交流。早在2003年1月1日，《广州市政府信息公开规定》作为我国第一部信息公开的地方规章就正式实施了。然而，实施初期效果并不好。2003年年初，广州出现"非典"疑似病例时，政府相关部门并未及时公布。面对外媒提问，由于对政策还不熟悉，相关人员只好"打太极"。直到2003年4月之后，"非典"疫情的信息公开的情况才比较顺畅。① 在2004年国务院政府工作报告中，"坚持科学民主决策"方面的内容中提到了"加快建立和完善重大问题集体决策制度、专家咨询制度、社会公示和社会听证制度、决策责任制度"，"自觉接受人民群众监督"方面的内容中提到了"同时，要接受新闻舆论和社会公众监督；为便于人民群众知情和监督，要建立政务信息公开制度，增强政府工作的透明度"，这是中央提出建立政务信息公开制度的标志。

随着我国网络社交的进一步发展，越来越多的热点事件通过网民和网络跃入公众的视线。网络这一公众舆论的新兴平台日益

---

① 参见陈冀、杨金志、程义峰、秦亚洲《公开理念逐步成长》，载《瞭望新闻周刊》2009年第29期。

彰显自身的强大力量，政府本身也逐渐意识到，网络是反映民生、民情、民意的重要渠道，而在国外，"网络问政"也逐渐成熟起来。在这种背景下，我国政府积极转变自身在"网络问政"中的角色，逐渐由被动变为主动。在 2005 年政府工作报告中，"加强行政能力建设和政风建设"的第四条"努力建设服务型政府"提到"大力推进政务公开，加强电子政务建设，增强政府工作透明度，提高政府公信力"，明确提出了要"加强电子政务建设"；在 2006 年，人民网建立了"领导人留言板"，打开了公众直接跟政府官员对话的窗口，旨在观察舆情和引导舆论，这标志着"网络问政"逐渐走向了官方渠道主导的道路，这也就开拓了公民参与的渠道。

但是，政府工作报告中的落脚点在"提高政府的公信力"和建立"领导人留言板"上，最大的目的在于"观察舆情、引导舆论"，由此可以看出：这一阶段政府把"网络问政"作为"维稳"和"改善政府形象"的工具、观察和引导舆论的阵地，政府和"网络问政"的主体交流比较简单，交流的目的更多的是了解情况、解释问题、安抚情绪。虽然已经由被动逐步转变为主动，但是局限于通过网络来倾听民声、观察舆情、疏通民意，缺乏更深一层的交流。

在初期，政府的参与实际上可以归纳出两方面的作用：一方面，政府的一系列措施以及网络本身的功能发挥，扩大了公民行政参与的规模，便捷的信息接口给了广大的普通公民参与的平等机会，扩大了行政参与本身的规模；另一方面，这一阶段的政府参与"网络问政"本身并不是以"服务群众"为导向，更像是社会的"解压阀"。运行的基本逻辑是"问题是否得到解决不那么重要，重要的是群众情绪是否和缓了"。因此，政府在初期的努力仅限于扩大通过网络进行行政参与的数量，没有从参与的程度上进一步深入，这也是后来政府工作的突破口。

（二）国家战略：工作职能和社会治理模式的转型

当前，网络问政已纳入顶层设计，使用和驾驭网络问政已成为提升各级政府社会治理能力的重要组成部分。究其缘由，一是网络问政是了解民需、调查民意的直通车，有助于政策的策划；二是网络问政是荟萃民智、辅助决策的信息库，有助于政策的制定；三是网络问政是提高效率、转变作风的加速器，有助于决策的执行；四是网络问政是评价政策、改进工作的风向标，有助于政策的评估；五是网络问政是防治腐败的好帮手，有助于政策实施中的监督。而这一切都有赖于政府工作职能和治理模式的转型。

2007年国务院的政府工作报告不仅强调了"各级政府要坚持科学民主决策，完善重大问题集体决策制度、专家咨询制度、社会公示和听证制度、决策责任制度，依法保障公民的知情权、参与权、表达权、监督权"，同时在"全面推进依法行政"中写道要"接受新闻舆论和社会公众监督"。这一年的工作报告中，加强政府自身建设作为单独的一部分，"当前和今后一个时期，要以转变政府职能为核心，规范行政权力，调整和优化政府组织结构与职责分工，改进政府管理与服务方式，大力推进政务公开，加快电子政务和政府网站建设，提升公务员队伍素质，全面提高行政效能，增强政府执行力和公信力"。这种从"维稳"向"转变政府职能为核心，规范行政权力，调整和优化政府组织结构与职责分工，改进政府管理与服务方式"的改变是一种质的改变，不仅提高了政府的公信力，而且提高了政府的执行力。从2008年到2010年，国务院每一年的工作报告都强调了信息公开和接受舆论及大众的监督的问题。

在2012年国务院的政府工作报告中，提到了"加快建设国家电子政务网"。2013年，温家宝强调要"坚持民主监督、法律监督、舆论监督，健全权力运行制约和监督体系，让人民监督权力，让权力在阳光下运行"。这些方面更多地体现了我国政府为实现转型所做的努力，同时也可以看出"网络问政"和政府的转型工作有着密不可分的关系：在初期，"网络问政"对政府转型起到了刺激和推动的作用；而后来，"网络问政"成了政府转型的强有力的工具。公民行政参与的扩大刺激政府的转型，这是一个权利的转移和分散的过程，也就需要网络作为一个有效的窗口；而政府的转型更加需要扩大公民的行政参与，网络正是提供了一个有效的工具。

2008年至2009年是政府工作职能和社会治理模式转变的一个高潮时期。2008年6月20日，时任中共中央总书记、国家主席、中央军委主席胡锦涛同志来到人民网"强国论坛"与网民在线交流，他说："强调以人为本、执政为民，因此想问题、做决策、办事情都需要广泛听取群众意见，通过互联网了解民情、汇聚民，也是一个重要渠道。"同年，广东的"网络问政"平台奥一网启动，网民通过这一平台问话时任省委书记汪洋和时任省长黄华华及其他省、市、县领导，而这些领导对"网络问政"持积极欢迎的态度，邀请网民对政府政策等"拍砖""灌水"，问计于民。2008年8月，时任中共广东省河源市委书记陈建华在河源网上开通实名邮箱，被网友赠名"华哥信箱"。之后，全国各地借鉴广东的"网络问政"经验，相继建立相应的"网络问政"平台，通过网络了解社情民意。因此，一些媒体将2008年称为"网络问政元年"。时任国务院总理温家宝从2009年开始连续三年通过中国政府网在"两会"前夕与海内外网民在线交流，进一步带动了各级政府和官员的"网络问政"之风。在每年的"两会"期间，其更是被许多人大代表委员作为与网友互动沟通和参政议政的重要平台。现在，许多中央和地方的领导通过开设微博、邮箱、留言板等多种形式进行"网络问政"。从上至下的各级领导身体力行的示范作用比政府的工作文件起到了更大的宣传作用，政府对网络问政的重视，通过网络扩大行政参与的决心鼓励了网民们参与的热情。

这一阶段的突出特点是逐步走向常态化和法制化。中共十七届四中全会审议通过了《中央关于加强和改进新形势下党的建设若干重大问题的决定》，提出建立党委新闻发言人制度；并且在全党、全体政府干部中要求加强学习应对新媒体，要求各地地方展开政务网站的建设工作，并通过测评与官员考核相联系。这一期间不仅建立了对政务网站严格的考评、测评机制，而且开展了各种培训和教育，加强政府部门和工作人员对新媒体的应对和回应能力。2007年1月17日，国务院第165次常务会议通过了《中华人民共和国政府信息公开条例》，该条例于2007年4月5日公布，自2008年5月1日起施行。它显示了政府打造"阳光政府"的决心，这将成为我国电子政务建设的助推器。政府信息公开条例为电子政务建设提供重要的法律保障；政府信息公开条例有利于实现政府与公众的互动；政府信息公开条例有利于实现电子政务建设本身的规范化与透明化。这一系列的常态化、法制化和规范化的措施确保了网络问政积极效用的发挥，因此极大地扩展了公民的行政参与规模。

（三）地方蓝图：主政官的意图与策略

在中央构建"和谐社会"的号召下，地方"一把手"在河源推出自己的执政纲领，其有"三大特色"，即"客家文化、万绿河源和网络问政"，将其施政纲领明确在环保、文化和稳定三个领域。在操作化的过程中，发掘客家文化，整治"两江河段"并进行网络问政。在2010年《时代周报》记者对时任中共河源市委书记的采访中①，书记这样答道："党的十七大提出了要走生态文明发展之路，省委、省政府把河源定位为生态发展区。按照中央、省的部署和河源的发展战略，我们提出反传统发展路径、反经济周期操作、反梯度产业承接的'三反'发展理念，就是基于河源的实际，探索一条社会财富有效增加、生态环境保持优良、百姓福祉不断增进的科学发展之路。"我们可以清晰地看到其执政纲领制定的依据和标准，即从中央的路线到省委、省政府的定位，然后再到地方的市政策略与纲领。

而在省一级，自时任省委书记汪洋主政广东以来，"构建充满活力、和谐有序、建设性的网络民主平台""有建设性的网络社会"成为省委、省政府的基本方针，他本人也身体力行，三年来三次与网友代表（民间智库）面对面"拍砖""灌水"，这在广东省也起到一个重要的风向标作用。2010年7月2日，汪洋更是在"我为广东建设文化强省建言献策"网民代表座谈会上明确强调：广东省网民历来是省委、省政府决策所看重的力量，无论是开展解放思想还是制定《珠江三角洲地区改革发展规划纲要》，省委、省政府一直注意倾听网民的呼声，加强与网民的交流，广大网友已经成为党委政府科学决策不可或缺的重要参谋。

表5-1是河源市问责制的一览表，我们可以发现河源问责基本是围绕上面已经点明的"生态环境、文化建设和民生"三个领域。其中，关于森林防火的问责，2010年全市对13个人进行了问责。

---

① 参见《我是一个理想主义者——专访河源市委书记陈建华》，见《时代周报》2010年5月31日A03版，http://www.time-weekly.com/story/2010-05-27/107291.html。

表5-1 河源市出台的问责制一览表

1	关于对森林防火工作实行问责制（试行）的通知（河委发〔2009〕8号）
2	关于对扶贫开发"规划到户责任到人"工作实行问责制的通知（河委办发〔2009〕20号）
3	河源市创建国家环境保护模范城市达标工作方案（河委办发〔2009〕46号）
4	关于在全市创卫工作中实行责任追究的暂行规定（河委办〔2010〕12号）
5	河源市重点项目建设工作责任制度（河委办发〔2010〕11号）
6	关于实行矿产资源管理工作问责制的通知（河委发〔2011〕1号）
7	关于对整治市区交通秩序实行问责制的通知（河府〔2008〕9号）
8	关于对市区主次干道临街建筑工作等场所建筑材料堆放行为管理工作实行问责制的通知（河府〔2009〕5号）
9	关于对市区建成区违法违章建设及查处不力行为实行问责制的通知（河府〔2008〕8号）
10	关于对市区未征土地规划管理实行问责制的通知（河府〔2009〕35号）
11	关于对污水处理设施建设工作实行问责制的通知（河府〔2009〕48号）
12	关于对市区出租车乱涨价和非法出租车客运经营查处不力行为实行问责制的通知（河府〔2009〕91号）
13	关于实行道路客运安全管理责任追究制的通知（河府〔2009〕144号）

问责的方向说明了地方政府工作的蓝图,"网络问政"作为主要的施政方针,进入到政府的政策议程中。时任市委书记等领导大力推动从平台搭建、人员培训、政策宣传、干部管理等方方面面的配套工作,这保证了河源的网络问政系统能够在较短的时间里建立起"点、线、面"一体的问政模式。

二、网络问政的实践:"三纵五连六统" "舆情舆商"与"问政民主"

(一) 成立的动因

1. 从虚拟到现实的公共参与

网络问政发轫于网民对网络热议事件的持续关注和留言质疑,并进一步将网络的公众事件带回现实政治生活。有两个标志性事件可作例证:其一,云南成立网民调查团参与"躲猫猫"事件调查,开全国之先河;其二,河南洛阳三位"资深网民"出任市人大代表,引全国瞩目。对此,有专家称,这标志着素有议政传统的网民开始从虚拟空间走向现实世界,更有人惊呼,草根网民"从政"元年来临。不难看出的是,网络民意正从隐性走向显性。

"悲情与戏谑"① 事件驱动的公共参与。正如杨国斌（2009）教授所言，早期的网络公共参与是以互联网公民运动或网络集体行动为主要形态。主要是借助互联网以及相应的新媒体来组织和动员大量的网民，在网上和网下开展各种形式的抗议和行动，包括网上维权、网上问责、网络救助、网络参政议政等。这些行动透过网上的动员和组织活动，构成抗拒当代中国"大转型"的双向运动的有机组成部分②。（王绍光，2008）这些网络事件多借助悲情或者戏谑的情感动员方式，通过迅速传播的网络媒介，短时间内大范围地集聚大量公众关注，甚至采取线下行动推动网络事件进入公共视野，进而进入政府的政策议程。在这些公共事件当中，2003年的孙志刚事件不仅发生的时间早，而且具有里程碑式的意义，掀起了中国收容遣送办法的大讨论，并先后有8名学者上书全国人大常委会，要求对收容遣送制度进行违宪审查。2003年6月20日，时任中华人民共和国国务院总理温家宝签署国务院令，公布《城市生活无着的流浪乞讨人员救助管理办法》，标志着《城市流浪乞讨人员收容遣送办法》成为一张废纸。这起具有全国影响力的网络事件就发生在广州。广东省作为流动人口规模最大、报业媒体最为发达的省份以及改革开放的前沿阵地，最早面临了社会转型的诸多问题和痛楚，也最多感受到来自公众舆论的社会压力。因此，最有改革的动力和需求。

2. 政府推动，公民配合的"交谊舞"

公共参与从虚拟走向现实不单单是几个公共事件的"孤例"，更重要的是政府逐步将互联网纳入政府行政监督、行政决策甚至

---

① 参见杨国斌《悲情与戏谑：网络事件中的情感动员》，载《传播与社会学刊》2009年第9期。
② 参见王绍光《大转型：1980年代以来中国的双向运动》，载《中国社会科学》2008年第1期。

行政执行的过程,以致逐步纳入国家政府工作计划内容的过程。政府逐步纳入互联网参与的过程并不是单一的进程,同样伴随着互联网应用的普及和升级以及公众对政治生活和公共事件的广泛关注。

河源网络问政本身就是一个自上而下推动的政府举措。2008年6月22日,时任河源市委书记陈建华实名在河源网发帖:"19日总书记与3位网友交流,很受启发,我也很想和河源的网友交流,这对如何当好市委书记肯定有很大的帮助,期待与河源网友进行交流,广泛听取民意。"2008年8月18日,陈建华响应网友的提议,开通"华哥信箱"。第二天,陈建华刚刚出差回来,就收到了40多封来信,他花了两个多小时一一回复。可以说,河源的网络问政发端于"原始",但随后的发展却是"有心插柳柳成荫"。"我一个人也忙不过来,怎么办呢?我就想了个办法,把我的同事们'拉下水'。"陈建华说。这是河源网络问政的首次制度设计。2008年11月4日,河源成立了"公仆信箱"建设领导小组。当年12月1日,"华哥信箱"升级为"公仆信箱",网络问政从个体单干走向集体行为,从自发行为走向规范化、制度化发展轨道。2009年10月27日,在紫金县召开"公仆信箱"推广现场会。随后的12月1日,全市各县区开通"公仆信箱"系统,"公仆信箱"扩容成包括1020个子信箱在内的大型网络问政系统平台,将网上信访系统延伸到县直部门和乡镇综治信访维稳中心。2010年8月18日,"公仆信箱"信件讨论系统——"公民广场"开通上线。2010年3月26日,《河源日报》积极探索发展新媒体和报网融合,开通报纸和网络"公仆在线"栏目(频道),利用媒体优势延伸"公仆信箱"民生触角、扩大"公仆信箱"影响力,并通过舆论监督助力"公仆信箱"发挥更大的实效。2010年4月,河源网开通"公仆微博"。截至2011年2月26日,"公仆微博"已经有注册网友4342人,微博发文逾10万条,成为河源网络问政的新阵地。至此,河源已经形成了三大"公仆"系列网络问政平台，网络问政进入制度化、规范化、集群化发展轨道。

（二）主要举措

1. 政府主导，推动网络系统搭建

在时任市委书记和主要领导的大力推动下，由时任市委书记任组长的"公仆信箱"建设领导小组成立，各县区也成立相应的领导机构和办事机构，每一个子信箱配备一个信箱管理员，成立市网络信访处理中心全面负责系统的后台管理与跟踪督办。2008年12月1日，将"华哥信箱""市长信箱"等资源整合升级，开通了由市党政领导班子、市直各单位、县区委书记、县区长等186个子信箱组成的"公仆信箱"；2009年12月1日，延伸到全市所有县直部门和乡镇综治信访维稳中心，子信箱扩展到1020个。"公仆信箱"按照"统一平台、分级管理、集中监管"的思路，建立市、县区、乡镇三级共享，办理、查询、回复、督办、统计、考核"六位一体"的统一管理平台。1020个子信箱纵横互联，同时链接"广东网上信访"网。2010年3月26日，在《河源日报》开设了"公仆在线"，以"点评网友来信""网友留言板""网友评报"等报网融合的形式关注民生、传递民意；2010年8月18日，开通"公仆信箱"信件跟帖系统——"公民广场"，将群众反映的热点难点问题开放给所有网民讨论；2010年4月3日，时任市委书记在河源网开通了实名"公仆微博"；2011年2月27日，开通"公仆信箱"手机版、手机短信信访系统，再次将网络问政的触角更广泛地延伸；2011年4月15日，开通"微博播报"，通过提供更快、更新的资讯，为网友提供更好的服务，便于网友参政、议政；2011年9月，开通集成语音导航的"网上信访大厅"，为群众构建更加方便、快

捷、高效的诉求渠道。随着微信等平台的进一步推广，网络问政的形式和载体也在不断发生着变化。

2. 政策保障，纳入干部考核体系

河源市政府出台了《关于开通县区"公仆信箱"的意见（试行）》《关于加强"公仆信箱"管理的通知》《关于加强群众网上信访管理的通知》《河源市"公仆信箱"绩效考核办法（试行）》等规范性文件，这些规范性文件不仅对"公仆信箱"的来信处理、问题解决等情况进行量化考核，而且还将考核结果作为各单位年度考评的重要依据，其虽然没有取代作用，但也是其中重要的选项。公开监督的力量，建立严格督查制度。系统配置不同颜色警示灯，警示情况自动进入市纪委行政监察系统；明确市委办、市府办、市纪委办、市信访局为督办单位，采取电话督办、书面批示、实地督查和下发各类简报和通报等形式督办；对一些棘手、敏感问题和多年积案，市领导带案现场督办；对关系群众切身利益的、久拖不决的或是办理得特别好的事项在网络、报刊等媒体公布；考核结果与领导干部年度考核挂钩；办结事项在网上公布。设置便民服务站。在全市镇、村、街道、社区团组织设立"公仆信箱"团员代写网上信件服务站，发挥青少年善用网络的优势，帮助群众写网上信件，让"公仆信箱"成为广大群众都能运用、都能参与的"百姓信箱"。

3. 培训先行，保障灵活运用

不定期组织对"公仆信箱"等网络问政平台管理人员的培训。采取现场指导、开班学习、电话答疑、发放使用手册等方式加强培训。2010年，举办了由中国人民大学教授任剑涛主讲的现代网络知识讲座，以电视会议、电话会议的形式开到乡镇一级；着重培训1020个"箱主"，培训结束后由时任市委书记陈建华在网上亲自考核，向1020个信箱的操作者逐一发送试题，应试者必须会操作才能拿到试题，通过其对信件问题的回复，确定考核结果，应试者反应强烈，一致认为，这种培训和考试的方式十分有效。"公仆信箱"每一次系统升级和推广运用，都通过新闻媒体广为宣传。通过举办"公仆信箱"网友见面会、"公仆信箱"推广现场会、"奥一网在线交流"、建立报网互动机制等广泛宣传"公仆信箱"，让群众了解"公仆信箱"究竟"是什么""有何用""怎么用"，引导群众变"上访"为"上网"。

（三）治理成效

1. 扩大公共参与

网络问政自一出现，就表现出诸多方面的优势，同时也为公民的行政参与带来了诸多显著的成效与进步。最为明显的是，网络改革了公民行政参与的方式。这种改革既使得行政参与的渠道拓宽，也使得行政参与本身变得更为直接，缩短了基层公民行政参与的过程。更为重要的是，它使得行政参与所能够覆盖的人口基数扩大，毕竟网络覆盖的范围是比政府的大门要宽的。"网络问政"通过变革公民的政治参与方式，扩宽了公民行政参与的渠道。①"网络问政"使公民参与的层次有了提高。从过去主要是基层参与提高到了一级部门的政策和执行参与，参与的效果也较为明显。"网络问政"可以越过官僚等级体系，为公民直接与领导交流提供了可能，直接的对话提高了参与的层次和效果。②参与内容也从过去局限于个人事务、基层事务，上升到了宏观政策甚至战略的层次。"网络问政"的成本低，覆盖面广，便于收集，很多原本不易采集民众观点的决策可以通过这种方式倾听民意。③网络作为倾听民意的一个窗口，可以为人民代表和政协委员提供参考。人民代表和政协委员在准备提案过程中，通过互联网征询网民的意见，在提案中反映网民的意见，网民的声音通过这种间接的方式可以在人民代表大会和政治协商的会议上发声，决策机构和基层机构通过"网络问政"结合，开拓公共协商的新渠道。④"网络问政"使协商民主向常态化、制度化方向迈进了一步。由于不断增多的网民数量和网络技术的大众化，协商参与主体的数量和多样性、差异性也在提高。网络上存在的各种参与主体既有公共组织，也有网民个人，数量和种类都在增加，多样化和差异化的参与主体促使公共协商逐步走向常态化，有利于进一步走向制度化。

2. 转变政府职能，提高治理能力

"网络问政"取得的另一成效体现在对政府地位的改变和政府行政方式进步的促进。从"网络问政"发展的历史阶段和不断地变革可以看出：政府的改革转型和"网络问政"自身的发展是相辅相成的关系。一方面，政府的改革转型需要"网络问政"作为一个极其便利的手段应用，建设服务型政府必须借用网络的力量来"观民情、听民意、集民心、聚民智"，发挥"信息发布""政策咨询""决策制定"等作用。另一方面，"网络问政"自身的发展也在促使着政府加速改革和转型。如果政府不主动进行改革转型，相信很快就会被网络的力量所吞噬，网络可以传播信息，可以传播知识和观点，而观点汇聚成意识形态。我国作为社会主义国家，必须在一定的程度上保持公民意识形态的健康和统一。如果政府对一些社会关心的问题不及时关注，对民众希望知道的消息不及时公布，势必导致公民对政府信心的降低，失去了公民信心的政府将是脆弱的政府。因此，政府的改革和转型是在互联网高速发展的背景下躲不开的一个过程。我国政府在利用网络进行政府自身改革方面十分积极主动。国家行政学院电子政务研究中心发布的《2014中国城市电子政务发展水平调查报告（EGDI）》指出：电子参与是政府治理过程中的电子公民参与方式，包括政治参与和行政参与两个方面，是信息社会实现善治的关键运行机制。政府通过电子信息的发布，有利于公众获取相应的信息来实现公众参与；公民通过多种电子反馈渠道对公共政策进言献策，实现电子咨询；政府通过与公众共同制定政策，提供公共服务来增强公众的权能，实现电子决策。电子民主和社会包容性确保服务的交付不是一个单向交换，应用技术创新促使选民参与并构建新的咨询方式。电子参与从"被动型"向"主动型"转变，可以真正实现增强公众的权能，推动政府治理的民主化。

当然，"网络问政"的发展还存在一定局限性。目前，网民参与在客观环境和主观行为两方面面临着困境。客观方面的困境是由于网络的信息传播环境特点导致的，互联网"扁平化"的特征导致对"网络问政"的主客体有无差别的影响。作为"网络问政"的主客体，公民和政府同时受到互联网技术和基础设施条件的限制，公民如何问责，以何种方式问责，政府如何回应，以何种方式回应，双方互动关系和程度如何均受到互联网本身特性的影响。也就是说，"网络问政"作为公民公共参与的一种方式，互联网本身的媒介传播特性始终作为一个中介变量，深刻影响着政府与公民互动的方式和效果，自然也影响着公民公共参与的程度。换句话说，"网络问政"的根本矛盾在于网络的同质化以及扁平化传播特征与现有的科层官僚治理体制之间的矛盾。因此，我们在考察公民问责情况、政府回应情况的过程中，始终应该将互联网的特性作为一个关键中介变量。一方面，考虑到互联网的"即时性"对公民参与效率和政府回应效率的提高。另一方面，也要考虑到互联网作为"IP网"的"碎片化"特点对公民参与的组织性、公共性的制约，对政府回应、执行以及监督的限制。

第五章 参与式网络治理创新经验案例研究

三、探索中的经验及挑战

(一) 创新的经验

1. 自下而上的参与诉求与自上而下的治理创新相结合

通过"三纵五连六统",不仅拓宽了公民参与的渠道,实现"网络问政"系统化,而且将公众意见和需求纳入行政决策和治理中。河源"公仆信箱"通过四年多的开发,成为开展网络问政、密切联系群众的主要载体和渠道,具有比较完整的系统性。"三纵",即市、县、镇三级贯通。"公仆信箱"网上信访平台将子信箱扩展到1020个,延伸到全市所有县直部门和镇(街)综治信访维稳中心,并链接广东省网上信访系统。三级贯通,职责分明,较好地解决了层级管理、属地管理等问题,理顺了网络管理体系,利用虚拟世界管理现实社会,创新了社会管理途径。"五连",即"公仆信箱""公仆微博""公仆在线""微博播报"、手机信访系统互联。在《河源日报》开辟"公仆在线",以"点评网友来信""网友留言板""网友评报"等报网融合的形式关注民生、传递民意;在河源网开通实名"公仆微博",带动领导干部实名开通微博;开通"公仆信箱"手机版和手机短信信访系统,将网络问政的触角延伸至手机用户。不断创新载体,扩大覆盖面,增强影响力,实现功能互补、系统互联、网报互

173

动、社会公共服务资源共享。"六统",即受理、答复、办理、查询、督办、考核六位一体。"公仆信箱"不是简单的留言板,而是各个环节全网上即时流转的无纸化管理体系,实现便民一张网、诉求一窗口、解难一条心、考评一杆秤。"公仆信箱"不仅打造了操作简便、管理简便、阅读简便的低成本和高效率系统,也培养了本土技术人才,更打造了一支学网、懂网、用网的领导干部队伍,完善了社会管理运行机制及程序化网络政治的参与行为。

2. "上网"消解"上访"

河源网络问政一直强调"疏导结合"的管理思路,搭建网络系统,建立舆情监测站,时时把控舆论导向,了解舆论动向,也是河源网络问政的题中之意。河源市政府工作报告提到:"对不健康的东西要坚决堵住;对合理的诉求要加以引导;对积累的民怨要疏理消解。疏导不力,负面东西就容易'风乍起,吹皱一池春水',甚至是'星星之火,可以燎原'。因此,我们想办法敞开网门,引导群众畅所欲言。"同时,政府也对网友强烈反映河源市区水浸街、断头路、中小学学位紧张等问题积极研究解决,通过及时沟通、多方对话的方式解民困、疏民怨。在社会转型期,各种社会矛盾日益凸显,各类群体性事件容易爆发。"公仆信箱"的开通使一些苗头性、倾向性的问题被早发现、早研究、早处理,成为疏导民怨的"减压阀"、维护稳定的"前沿哨"。根据官方的工作总结显示,截至2011年3月底,河源的"公仆信箱"已收到3.93万封网民来信,平均每天将近50封。[①] 官方网站一时间不再是"冷衙门"。

---

① 参见河源市政府《创新执政理念 建设幸福河源——回首河源"网络问政"三年》。

(二) 不足与困境

1. 责问不平衡

网络问政虽然取得了丰富的成果,但是,由于网络信息传播环境的特点,网络问政的主体公民出现不平衡的特点。

(1) 互联网发展的地域、年龄结构的不均衡导致问责主体的非代表性。根据《2014 年中国城市电子政务发展水平调查报告(EG-DI)》,2014 年中国 36 个主要城市电子政务发展指数的平均值为 52.71,其中有 21 个城市在平均水平之上。① 网络问政的发展存在地域上的不均衡,西部地区和少数民族地区电子政务水平仍较为落后,亟待提升。① 这种表现在地域上的差异,实际上和地域发展的不均衡息息相关:实际上,越是经济政治发展落后的地区,民众借助网络表达自身的利益越困难,这种困难不仅和基础设施上的可接入性(网络的速度、网络接口的数量、人均上网设施的数目)有关,事实上与网络本身的使用方式、精英对网络的引导也有关,而且后一种影响不仅是导致了问责地域间的不平衡,更引起了弱势群体和社会精英之间差距的扩大。② 网络问政的发展还存在年龄结构的不均衡。根据 CNNIC 所发布的第 37 次《中国互联网发展状况报告》,到 2015 年,中国的网民有 71.6% 是城镇人口,28.4% 是农村人口,这和我国的城镇人口和农村人口的比例还有差距;此外,网民的年龄结构集中在 10 岁到 59 岁之间,但是让人担心的是,随着我国老龄化进程的加快,老年人却难以自主地在网络上发表代表自己利益的声音。因此,网络问责的主体覆盖还存在着偏差,并不能

---

① 参见国家行政学院电子政务研究中心《2014 年中国城市电子政务发展水平调查报告(EGDI)》。

准确覆盖整个社会所有的利益群体,也就无法充分补充甚至超越现有的政府—公民沟通渠道。若试图将互联网作为主要的官民意见回应甚至沟通的平台,不得不面临合法性的困境;但这并不能否定互联网成为重要的治理工具,帮助改善治理制度和结构的潜力。要想改善互联网目前的不平衡性,政府需要进一步加强基础设施建设,改善网络的可接入性。

(2)问责方式碎片化。从微观的个人行为角度探讨个人政治参与的研究已经证明,个人的动机、能力(时间、技巧、财务状况)和是否参与过集体活动或者集体行动对能否有效地形成政治参与,从而形成一定的影响力具有重要的关系。(Verba, Schlozman, Brady, 1995)因此,网民个体如何表达、表达什么对网络问政发挥何种作用有着至关重要的影响。通过案例的比较,我们发现,网民的诉求表现特点呈现"情绪化""碎片化"的特点。在网络问政的问责实现过程中,如果某个个体或者是话题信息不能发酵成议题而得到足够的关注,那么这些问责实际上将被碎片化,成为网络信息"大河"中沉没的石子。

研究发现,网络问政也无法摆脱网民"一哭二闹三上访"的"情绪化"表达方式。所谓"哭"是一种悲情的表达,还体现在他们网名的表达,多以"可怜的老百姓""小老百姓""受苦的人"等方式。"二闹"指的是用"反讽""挖苦""指责"的方式表达自己的诉求和不满。例如,"你们天天坐'公车'的人能不能体谅下挤公车的人的苦啊?"网民在表达诉求的时候多半夹杂着"揣测""推断",甚至在"非网上"的信访中也有类似行为,会将自己的利益损失或者不公待遇与官员腐败、不作为等相勾连,而很多的"指责"多为推测甚至是无关联的联想。真正有证据的并且能理性表达自己的诉求的,227个案例中只有4个投诉检举类的案例可以算作有理有节的诉求。

网络问政难免"碎片化""IP化"的议题构建方式。网络的作用在于，能够在网络上发起一个有影响力的"议题"，要想使得议题具有感召力和凝聚力，就必须超脱个人化的利益表达方式和诉求。形成一定程度上的"共识"，这是促进集体行动和理性抗争的前提。而河源信访大厅的数据分析显示的却是"IP化"（如同 IP 地址一样的散乱）的网民群体特征。其利益表达多是个人和社区利益，展示出对政府的强烈依赖性，而非自我组织和管理的倾向，在技巧、知识和组织能力上都十分欠缺。因为作为利益诉求最强烈的群体，却没有相应的技巧和组织能力，习惯依赖政府官员的个人魅力（信访案件有 72.32% 投递到领导个人信箱），救其"脱离苦海"，而非有针对性和策略性地参与抗争。还有个别案例，比如政府已经帮助其解决了自来水问题，感谢政府之后，希望政府继续帮助其再解决住所的卫生问题。因此，可以发现，政府对这些问题的有效解决反而会进一步使得居民更具有依赖性而非独立性。

而针对部分最终得到政府有效回复的案例，我们发现最终得到领导重视的实际上反而是需要具有公共性的诉求。涉及的问题多是涉及人口多、与群众关系最为密切的。例如，2008 年河源市委、市政府实施"十项惠民工程"，每年办"十件实事"。例如，网友强烈反映河源市区水浸街、断头路、中小学学位紧张、农民饮水不安全等问题，也得到了较好的解决。又如，针对网友反映市区公交车破旧、线路设计不科学问题，河源市政府对公交车经营方式进行改革，更新公共汽车 100 多辆，增设公交线路 10 条。再如，"小草青青"网友反映"老东埔桥南侧往中堤路方向星河湾畔 30 米处路面，长期污水横流，路面坑洼，垃圾满街"的问题，相关职能部门了解情况后，在九重门公园新建了垃圾中转站，把原露天垃圾场改造成小公园，环境问题得到改善。

网民的诉求零散和个人化，诉求方式简单而情绪化严重制约了网络问政平台应有作用的发挥。然而，网络问政平台运行得越好，提供的服务越多，市民对政府的依赖性就更强。也就是说，即使网络问政平台真的对公众有着很强的回应性，也不必然会带来政治参与的增强，可能会导致公众更深程度地"个人化""利益化"而非"组织化""公共性"。这说明，网络的信访并没有改变这种官僚制度运作逻辑，也没有增强公民社会组织和参与能力。

（3）个体式问责，问责力量弱小。社会问责被理解成公共参与的一个重要组成部分，社会问责依赖公共参与来实现。二者之间的关系密不可分，公共参与的内容，如参与政策制定过程、监督政策执行、要求公布政策执行结果等行为，都是公民向政府问责的表现。（World Bank，2003，2004）在中国，公民政治参与主要表现为对与日常生活密切相关的问题和利益的关注。他们希望参与到公共政策过程中，影响政策制定以达成他们满意的目标。在城市公共生活中，许多与城市市民生活息息相关的公共事务是他们持续关注的焦点，他们会针对这些问题对公共组织、人员提出质疑，要求公共组织、人员予以回应。我们首先需要了解公众在问什么。通过对227个个案的数据分析，我们发现，所有信访信件类型背后都涉及个人利益。而利益表达很多时候也伴随着投诉和不满情绪，但是由于没有明确的要求惩处、追究责任的含义，所以暂时将其划定为利益表达。

据统计，信访案件中绝大多数都是对个人利益的表达，其次是投诉检举类。而在具体的揭发投诉中，大多数也涉及相关利益问题，只不过更加具有指向性，期待政府做一个裁决和监督执行的角色，常见的是已经有了法院、行政裁决，请求政府监督执行，或者是加强对非法砍林、开采矿石的治理和监督。需要有人或单位为其利益的损害负责，而将政府作为一个裁判者的角色。从这些利益表达的分类可以发现多数信件反映公民个体的直接利益，而在利益表达中，与个体自身利益直接相关的又占多数，反映地域、组织或者单位等集体利益的占少数。这直接反映出公民利益表达的碎片化。信访信件类型分布见图5-1。

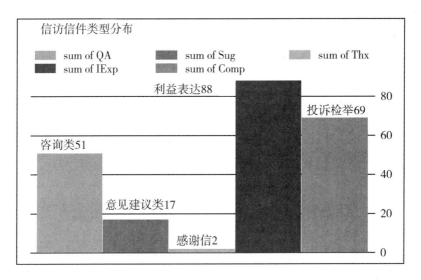

图 5-1 信访信件类型分布

表 5-2 对"利益表达类"信件进行的变量统计

利益表达类	个数（个）	百分比（%）	累计
0. 与个人自身利益无关	139	61.23	61.23
1. 个体自身利益直接相关	23	10.13	71.37
2. 反映居住地问题	33	14.54	85.90
3. 反映农村村落问题	7	3.08	88.99
4. 涉及县、市、镇的问题	3	1.32	90.31
5. 表达身份群体利益	20	8.81	99.12
6. 单位、组织利益	2	0.88	100.00
总计	227	100	

在"利益表达类"信件里面，反映居住地相关问题的占据多数，包括供水、供电、交通、环境、卫生等，大多数涉及具体的基础设施改善和环境治理问题（见表 5-2）。属于环境、卫生、安全等的日常问题的，一般可以得到较好的回复结果，但因其实际的解决方式仍然

是一种四处出击，"头痛医头、脚痛医脚"的治理方式。解决的方式多是接到举报后，安排人赶赴投诉的地方，或是警告，或是处罚。虽然有部分可以得到协调和解决，然而大部分还是相关的管理人员刚走，后面又"死灰复燃"，所以没有得到根本有效的治理。在市民的进一步反馈和回复中可以发现，相当多的案例没有得到彻底解决，进而导致市民对政府进一步的不信任和猜测。市民的投诉中，多夹杂着对政府相关部门不作为、同流合污、"拿回扣"等各种腐败行为的推测。案例研究发现，问责的效果并不明显，更多停留在沟通阶段。

社会问责要发挥问责效力主要有两种途径：一是借助社会组织、社会运动；二是借助媒体作用。网络政治参与的深度是强度的基础，政治参与是否有深度，关键在于是否为实质性参与。（韩平，2010）政治参与的深度表现在理性、分析性、协商性、批评性等（韩平、董珏，2010）。因此，公民本身的技巧、能力和组织力都是重要的因素。我们将其总结为"公民力"，一种公民自主、理性政治参与的能力，而案例所表现出来的公民力却十分缺乏，这也是成为很多人借口中的"公民素质"问题。实质上，公民参与与教育、公众讨论和政治生活实践都有很强的相关性。问题的关键在于是否有一个开放、开明的舆论空间，让公众可以在开放的空间中各抒己见，形成一个类似古罗马公民广场一样的"议政平台"。

2. 回应困境

在网络问政中，政府在回应方面表现出最直接的困境：一方面，有高的回复速度和回复率；另一方面，高回复率和快速的反应并不能弥补回应质量低下的问题。

在网络问政中，政府对网民意见的回应数量很多，回应速度较快，但是很多回应都没有实质性内容，回应质量不高，呈现政府回应数量和质量之间的反差。本课题组收集了两方面的数据：一是收集了2011年度来自河源市"公仆信箱"的共计4075份信件，对信件内容进行编码和进一步的分析。"公仆信箱"中信件的类型包括感谢信、咨询信、建议信、利益表达类和投诉检举类。为了区分利益诉求的公共性与私利性,又对个人利益、社区、村庄做了区分。而对信件的回复情况,区别了领导批转回复和信件最终回复两类,以方便对回复周期和回复效果做进一步的交互分析。二是选取河源市的"网上信访大厅"平台作为主要的研究对象。河源市的"网络问政"共1061个电子信箱,覆盖到乡镇一级,这是全国仅有的覆盖市、县、镇三级网上信访平台,其中,领导本人直接作为"箱主"的占158个,而以其他部门和乡镇为箱主的有903个。根据"信访大厅"的统计数据,从2011年2月21日起,截至2011年12月9日,河源市原市委书记调任,新的河源市委书记到任。河源市"信访大厅"收到信访信件共计3547件(包括重复投递信件和一件事多次追踪的信件)。本案例分析将2011年11月1日以来共计227件(剔除重复投递和后期追踪案件)信访案件作为数据分析对象。

(1)回应速度和回应数量。

1)回应速度。通常来讲,我们习惯用反映时间、处理时间和处理结果来衡量政府的回应性。通过初步的数据检测(见图5-2),我们发现信访回复的天数多数集中在7~13天,最多的案例是4天回复,227个案例中有17个是4天内回复的,16个个案是1天之内回复的。多数个案都能在17天内得到回复,呈现出比较快的反应时间。

2)回应数量。在我们的案例中,截至2011年5月底,"公仆信箱"共收到有效信件42500件,已经办理回复31652件。而给时任市委书记本人的就有14512封,亲自回复的有6415封,亲自回复率占45%。教育局当年的年终总结中也提到,其信件回复率高达100%。

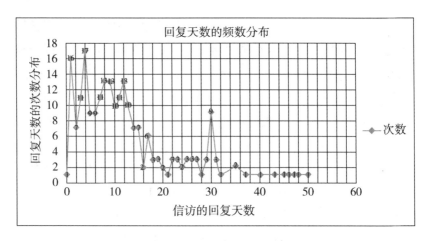

图 5-2　互联网回复天数的频率分布

（2）回应质量：选择性回应。

在留言板的网络问政平台上，民众提出的需求是多样的，但是，政府进行的是选择性的回应；例如，在广东惠州的留言板的网络问政平台上，民众的民生性诉求难以得到政府最大程度的回应；但是，民众在基础设施建设、公共交通领域的政策需求得到了政府的回应。① 河源市网络问政也存在这个问题。

表 5-3　对信件类型与最终答复的回归分析

最终答复	相关系数	标准误	e^bStdX	e^b	%	%StdX
建议类	1.105	0.458**	1.339	3.021	202.1	33.9
感谢信	-1.287	1.325	0.886	0.276	-72.4	-11.4
利益表达	0.557	0.308*	1.312	1.746	74.6	31.3
投诉检举	0.412	0.329	1.209	1.510	51.0	20.9

---

① 参见张华、仝志辉、刘俊卿《"选择性回应"：网络条件下的政策参与——基于留言版型网络问政的个案研究》，载《公共行政评论》2013 年第 3 期。

(续表5-3)

最终答复	相关系数	标准误	e^bStdX	e^b	%	%StdX
回复周期	-0.081	0.015***	0.108	0.000	-7.8	-89.2
（天）	—					
观察值	227	227	227	227	227	227

注："*"Significant at 10%;"**"significant at 5%;"***"significant at 1%。

由表5-3可知，信件类型与回复程度相关性较强：建议类回复程度最强，利益表达的回复性次之。检视具体案例，我们发现：建议类的回复多数是"感谢信访人的建议"，或许诺"会慎重考虑其建议"。因此，由于建议类信件不需要切实采取处理措施，因此，回复性最强。利益表达类信件属于诉求最为强烈、情绪化最强的信件类型，因此也会得到优先处理。但是，投诉检举类信件通常需要较长的调查期，而且涉及面更广，牵涉诸多不同政府部门、不同历史时期的政策，因此，需要更长的回复周期，也需要更多的调查取证。总的来说，一般性事务的回复周期和回复结果通常较好。而涉及资源、利益调配的信访诉求，则难以有效解决。因此，网络信访体现出强烈的选择性回应特征。

由上可见，在网络问政中，虽然政府对于民众诉求信件回应的数量很多，但是政府往往选择性回应，很多回应缺乏实质性内容。

在河源市个案中检视所有案例的处理程度、深度，我们仔细阅读和区分了300多个案例，剔除掉重复案件，将一个月内的227个个案进行区分。根据最终相关部门给出的回复，将其回复区分为以下五类：一是没有沟通，也就是对公众的信访诉求没有任何最终答复。虽然部分案例由领导指示或者批示给了下级部门，但是由于案件的特殊性或者分管不清的问题，出现在笔者做抽样检查的时候还没有回复的情况。二是沟通，意为对相关政策、事情、业务作解释和说明。例如，解释为何道路交通没有办法在短时间内改善，或者政府做一些决策的考虑。此类回复多数期望通过这种沟通，说服公众对政府工作的谅解，以达到沟通的目的。三是如果最终的处理含有许诺、承诺之意，那么笔者将其视为低度沟通。四是如果有对策，则视其为中度沟通。五是如果政府采取了行动，更正或者协调相关问题，则视其为深度沟通。

沟通程度与信件类型会有一定程度的相关性。例如，咨询类信件以解释说明为主，一般不需要采取行动和措施。而投诉检举则不同，多数需要相关部门采取行动，甚至需要调动人力、物力去到现场予以解决。投诉、检举类诉求因为涉及利益各方以及对相关利益人的隐私保护，需要对现实情况的调查才能下结论，因此，无法即时做出回应。

表5-4　回复类型的变量描述

信件最终回复	个数	百分比（%）	累计（%）
0. 无沟通	44	19.38	19.38
1. 沟通（含"解释、说明"含义）	95	41.85	61.23
2. 低度沟通（含"许诺、承诺"之义）	39	17.18	78.41
3. 中度沟通（有具体"对策"）	17	7.49	85.90
4. 深度沟通（有"行动"）	32	14.10	100.00
总数	227	100.00	

如表5-4所示，在政府回复的过程中，低度和中度沟通较多，深度沟通较少。政府更多的是通过沟通解释政策，而缺少实质性的行动，这也体现出"网络问政"本质上的局限性。有些公民诉求无法通过网络进行处理，网络的介入不仅不利于问题的公正解决，有时候难免会有网络暴力影响公共决策的隐忧。

3. 政府执行监督难题

由于网络本身交流方式的碎片化和官僚体制自身的碎片化，双重的作用往往导致线下的服务相较于线上交流方式显得不足。扁平的网络沟通方式对官僚体系的碎片化缺陷似乎没有改善。基于目前条块分割的庞大行政官僚体系的现状，通常线上人员需要及时地接受、传递、反馈信息，他们没有方法确认网民反馈信息的真伪性，同时也没有权限对相关的部门工作进行问责，有时候甚至不清楚相关部门的工作流程和工作内容，基于此，他们最便利、成本最低的处理方法就是转达相关部门，移交对应的责任部门处理（即线下的工作人员），而相关的部门在获得信息之后，并不需要直接对网上的问题进行回复，因此，就极易形成一种"踢皮球"的三方博弈局面。人员、工作流程和组织结构线上、线下的不匹配，不仅容易造成"网络问政"的低效率，还会进一步影响政府的公信力。

  网络问政平台网页上对回复是否办结的标准有些是十分含糊的。相当数量的信件里，回复人仅仅做了最低程度的解释，也被视为"办结"，而警告之后并没有相应的惩罚机制，仅仅以是否回复作为衡量标准，得出来的仅仅是用于年终总结和媒体宣传的"回复率数据"。网上的案件回复中，大部分都是经过批复、转发的，也就是说，信件大部分投向了所谓的"领导"，而非直接的受理部门，然后再经过领导（有时是领导的网上信件处理员）的分拣，进一步分给相关部门。撇除第一个收件人，我们将 227 个个案梳理发现，绝大多数都经过 1～3 次的转批。虽然也有 84 个个案显示没有批复部门，但是这些案例中还包括了很多没有得到最终回复的个案。因此，实际上很少个案是将公众的诉求直接投递到负责的部门或者个人的。批复达三四次之多的个案也不在少数。从后面表 5-6 领导指示和最终回复的回归分析，我们可以看到行政等级问责的力度。而从表 5-5，我们可以清晰地看到行政等级问责的轨迹。按照西方民主理论的逻辑，行政等级问责通常会按照执政官到事务官的层级顺序向下问责。而且在民主理论的问责中，行政等级问责只是其中一部分。然而，在中国的官僚体系中，没有政务官与事务官的严格区分。自上而下的问责方式是官僚体系最为重要和有力的问责方式。

表5-5 对"批复部门"的变量描述

批复部门的个数	个数	百分比	累计
0	84	37.00	37.00
1	89	39.21	76.21
2	32	14.10	90.31
3	13	5.73	96.04
4	6	2.64	98.68
5	2	0.88	99.56
10	1	0.44	100.00
总计	227	100.00	

研究将"领导回复"（LeadRe）作为另外一个可能影响最终信件答复程度的因变量进行检测。将"领导回复"的情况进行编码分类，可以划分为四类："0. 无领导回复（No reply form leaders）"；"1. 回复状态中仅表示'知悉'中的'收到'含义（Receive）"；"2. 回复状态中表示'知悉'中有'指示'（Include Order）"；"3. 回复状态中表示'知悉'中有'督办'"。将其视为类别变量进行分析。操作上，以"无回复"作为对照组，认为其是"领导不知情"。因此，设置三个虚拟变量：Leader 01、Leader 02、Leader 03，并赋予新的含义，分别表示"重视""较重视""非常重视"。由于影响信件回复的原因多且复杂，并不仅仅限于网络上展示的有效信息，还需要进一步的实地调研和参与观察来得出有效的模型。因此，本阶段只对领导回复和信件类型对最终信件回复的影响分析做简单的回归检测。

表5-6 领导指示与最终回复相关关系的回归分析

通过 Ordered Logit Model 对相关变量的回归分析						
最终答复	相关系数	标准误	e^bStdX	e^b	%	%StdX
知悉（重视）	1.025	0.297**	1.618	2.787	178.7	61.8
指示（较重视）	1.586	0.331***	1.966	4.878	387.8	96.6
督办（非常重视）	3.150	0.689***	1.851	23.327	2232.6	85.1
投递部门	-0.031	0.017*	0.793	0.067	-3.0	-20.7
观察值	227	227	227	227	227	227

Note:" * "Significant at 10%;" ** "significant at 5%、" *** "significant at 1%。

根据统计结果，我们发现，领导的回复与网站的最终答复情况显著相关，且呈现很强的正相关关系。在保持其他变量不变的情况下，如果领导回复中有指示的含义，那么网站最终回复程度有正向影响的概率比没有指示的高178.7%。同样的，如果有督办，这种影响将是没有督办的信件的22倍，而领导是否亲自回复，则直接影响信件的回复情况。领导越是重视，越有指示、督办等命令，则效果越为显著。

因此，实质上，社会问责更像是一个显示屏，而系统的驱动却是来自拥有上级权威的等级问责。等级问责通过人事的任免权、财务的分配权直接控制着下级官员的事业生命线。网络问政本身的推动也得益于时任市委书记一把手的亲自推动。公众的诉求与不满首先要得到领导的重视，领导认为是个严重的问题，推动相关部门解决回应，问题的处理速度才会更快，处理结果也会更加深入。因此，领导如何考量公众的诉求，将什么样的问题视为严重问题，是整个问责能否发挥作用、回应性能否提高的关键。通过对时任市委书记的访谈，也证实了这种看法。截至2016年年底，"公仆信箱"共收到有效信件32216件，已经办理回复31652件，占有效信件的98.2%。给市委书记的信件占1/3，约10000件，其中，他亲自回复的有5000多件。他本身也承认，党委一把手权力推动下的"网络问政"的实施阻力会比较小,他笑称"这事儿市长都不行"。可以看到,个人因素起到重要作用。

网络本身的自由性和开放性是"网络问政"兴盛的"助推器",但是"网络问政"发展到一定的阶段之后,这种自由性和开放性会阻碍"网络问政"本身的发展,表现在"网络问政"在制度化方面的不足。没有制度化的保障,"网络问政"就会出现散乱化,造成大量的信息资源和空间的浪费。比如,并不是所有的网络服务平台都具有良好的官民沟通作用,更重要的是大部分平台缺乏良好的行事能力,不能针对网民的问政做出有效的反应,而只是简单的沟通,并无力实施强有效的工作,不能解决实际问题。此外,在问政的执行中,需要权责的统一,责任人和主权人有对应的一致关系,责任人和主权人的脱离也就造成了一种"委托—代理"的问题,而这套制度也就呈现出低效率的情况。制度化和程序化的缺乏使"网络问政"本身的合法性降低。"网络问政"要想进一步突破现在的发展限制,就需要一定程度的制度化。

四、网络问政对地方治理的启示和建议

(一)对地方治理的启示

1. 科技平台与官僚组织相结合,搭建高效回应平台

河源网站的"网络问政",包括了市长信箱、部门信箱、问卷调查、民意征集、网上调查、网站建议、公务员论坛、在线访谈、

公仆信箱、公民广场、公仆微博、公仆在线、行风热线共十三个子板块。实质上，公仆信箱的内容涵盖了市长信箱和部门信箱，而问卷调查、民意征集、网上调查都是政府发起的，针对某些具体工作、政策、部门的看法收集群众意见。至于在线访谈、行风热线，实质上是同一个平台，就是"政风行风热线"，指的是一个个具体部门如"房管局""卫生局"主要领导作客直播室回答网民提问的"直播间"。公务员论坛就是一个公务员的内部交流平台，并没有太多开放给公众的空间。因此，实质的政府与公众互动的平台有三个："公仆信箱"（后升级为"网上信访大厅"）、《河源日报》开辟的"公仆在线"、河源网开通的实名"公仆微博"。

三大平台基本上将线下的市、县乃至村都纳入其中，并且为了帮助农村不识字的农民，在乡村建立了"代写员"，一方面帮助偏远地区的农民反映问题，同时也作为一种"信息收集站"，发挥其舆情前哨的作用。"尊敬的陈书记，听村干部说，可以通过党员或团员，用电脑上网的形式向您反映意见。本人识字不多，现请村里团员代写一封，呼吁领导和社会各界多关心和支持乡村教育……"落款是"村民张木星、团员张彩媚代笔"。这封信就来自广东河源市紫金县黄塘镇车前村。借助网络，不仅仅可以"上传下达"，还可以"下情上听"。

2. 公民参与，干部监督与部门协调相结合，有利于治理一体化

河源率先建立信息公开制度，成为网络舆情新闻发言人制度的雏形。河源政府强调需要各级政府规范、及时地进行信息披露，最大限度地满足民众的知情权。坚决制止在信息传递方面的欺上瞒下和报喜不报忧，提高政府在危机处理中信息的透明度，提高政府的公信力。信息的主动公开扩大了监督渠道，有利于政府及时根据民众的信息反馈调整决策，监督干部，改善政府工作流程和办事方

式，提高群众满意度。

在干部监督方面，河源市的政府网页依照反应和办理时间的标准来对政府的回应性进行判断和监督。他们将回复时间长短设为绿灯（7个工作日内已处理的信件，亮绿灯）、红灯（超过60个工作日办结信件，亮红灯警告）、蓝灯（60个工作日内办结信件，亮蓝灯）和黄灯（超过7个工作日未处理或才处理的信件，亮黄灯警告）四个类别，以区分各个相关部门的回复速度，并配套相应的奖惩制度。将网络问政的工作情况作为地方相关部门年终总结和考核的其中一项指标，回复、办结率以及部分案例的妥善处理情况是地方政府部门必须要向上级汇报、说明的部分。通过将硬性的回复时间指标纳入干部考核，一方面抓反馈，推动干部主动上网，了解民意民情；另一方面抓落实，敦促有关执行部门高效落实。

这样，网络问政将群众需求和群众监督转化为领导关注甚至指令进一步分化到有关执行部门的工作任务中去，实现了政府回应群众的一体化运作模式。

3."网上信访"和"综治维稳"相结合，以服务代替管理，提高前瞻性

河源网络问政通过政府主动搭台唱戏的方式，将政府系统与较为平民化的微博、论坛、网站联系起来，在网络平台的搭建勾连过程中，注意培养领导干部的互联网使用和舆情监测能力，并培养专职舆情工作人员，负责呈送报告，开网络舆情监测的先河；同时，还建立网络舆情的预警措施，做到"维稳网络化"。河源要求各级领导干部高度重视网络民意和公共事件，主动联系群众，及早发现，及时反馈，防微杜渐，防患于未然。将信访工作日常化、制度化，将其视为"民意表达"而非"洪水猛兽"，有效将信访意见和情绪转化为政府工作任务和工作方式调整的动力，化"堵"为"疏"。

信访作为民意表达的方式，不仅仅作为一种无关紧要的"论坛"似的个人意见，同时具有了利益表达、申诉甚至检举的功能，具有更大的"个人意见的公共性"。（唐文方，2007）不仅如此，被动的政治参与可以潜移默化地转化为自主性参与（Huntington，Nelson，1976），借助个人意见的表达，权威主义的政治体制也可以产生自主性的公民政治意识，当然，这种声音的形成和发挥作用有赖于在政府决策中得到回应。（唐文方，2007）因此，政治体制对民意的回应程度，民意影响政策制定的制度和过程（Jacobs，Shapiro，1994；Page，1994；Stimson，Mackuen，Erikson，1994）对中国治理体系现代化尤为重要。

（二）推进地方治理创新的建议

1. 建立衔接机制：从行政吸纳到政治发展

哈贝马斯在公共领域的研究中注意到，从19世纪末开始，资产阶级被瓦解，资本主义面临合法性危机，他在自由主义与共和主义的基础之上提出了第三种民主的规范性模式——程序主义的商谈民主，主张通过公民在公共领域中的公共交往以及其公共理性保证其程序正义，赋予政治意见和意志形成的合法性地位，重建资本主义的合法性基础。[①] 不同于自由主义和共和主义对民主合法性的理解，第三种民主模式的理解是商谈性政治的合法性力量，是从意见形成和意志形成过程的商谈结构中来的。而这种民主模式最显著的特点就是其程序理性，也就是公共争论的商谈层次不可以隐没在操

---

① Jurgen Habermas, *Three Normative Models of Democracy*. Princeton University Press, 1996。

作黑箱之中，必须在公共领域中开展交往。①

但是，程序主义的"商谈民主"不可能完全替代宪政民主制度，而更多应作为宪政民主制度设计的补充和完善。这一点，学者已经从理论和经验层面进行了多方论证。行政吸纳作为公共行政参与的主要途径或方式恰恰是商谈民主的表现方式，又被称为行政民主化。"行政吸纳"是指通过行政渠道将社会各种利益要求和利益表达汇聚起来共同参与政治决策的过程，通过这一模式，行政决策呈现出开放性与参与性，行政决策不再仅仅是少数决策者的行为结果，同时也是大众参与的结果。最早提出这一模式的是香港社会学家金耀基先生，他所特指的是香港政府在没有民选官员的情况下，通过吸纳社会精英进入决策结构从而获得某种程度上的政治整合的一种政治治理模式。② 由于这一模式在行政传统的政策执行功能之中加入了利益表达的功能，因此这一过程也可称为行政民主化。而大陆本土的公共行政参与不同于"香港模式"的"精英吸纳"，更多倾向于"基层治理"的"共治模式"，侧重于在具体的特别是涉及民生的公共政策议题上"广纳言路"，实际上体现了党和政府"群众路线"的回归。此外，公共行政参与应当是一种独立性的、创造性的活动，独立性和创造性是其最重要的特点。缺少独立性、只是阐释和论证领导意图的公共行政，不是真正意义上的公共行政，从一定意义上来说，失去了独立性，也就失去了公共行政的作用。

无论行政参与如何民主化、如何有效，公共行政参与本身都无法独立提供执政合法性，更无法完全替代政治参与的功能。要拓展公民参与，就需要建立行政参与和政治参与的衔接机制，保持参与

---

① 参见哈贝马斯《在事实与规范之间》，童世骏译，生活·读书·新知三联书店2003年版。

② 参见金耀基《香港的政治模式——行政吸纳政治》，《金耀基社会文选》，中国书店出版社1974年版。

主体和参与方式的独立性，建设参与型程序民主。结合我国的党政结构，首先，可以从党内部做起，引导部门和群众的思想转变，同时准确定位行政参与在我国政治结构中的功能和应该发挥的作用，协调与政治参与之间的合作互补关系，建立健全行政参与到政治参与的流动、沟通机制。充分调动人大代表、政协的民主协商作用，推动行政参与个体、话题与代表提案的对话和衔接。其次，明确公共行政参与的主体和各自的地位，保证和扩大各个主体的有效参与。明确官员、专家、公众等群体应当各有各的担当，各有各的任务，降低公众参与难度，并将个人化代表、利益群体代表、公共利益代表等也纳入其中。最后，利用科技的力量，整合新媒体平台，通过网络、媒体等平台征集公众的意见，增强政府反馈。政府在决策前可以通过这些平台进行民意调查，同时公民可以通过这些平台反映政策不合理的地方，提出自己的建议。与此同时，各级政府要加大资金投入，资助、指导建立基层社会组织孵化基地，大力培育基层服务性、公益性、互助性社会组织，引导各类社会组织参与基层事务的讨论，参与公共政策的制定、执行、管理，以此来提高公众参政议政的水平。

2. 独立性建设：建立健全公共参与的监督问责机制

（1）保证信息公开。《中华人民共和国政府信息公开条例》早在2008年5月1日就开始施行，政府信息公开是维护和保障公民权利的有效途径，政府信息公开的有效性直接影响到其方针政策的制定，因此要把便于公共行政参与的各方面都公开化。允许公民参与相关会议或者了解相关决策过程、参与政策的执行过程。这需要委员会在会议之前将活动信息和内容通过官方网站、微博、微信公众号、报纸、公告等媒介发布出去，邀请媒体和群众参加会议甚至参与圆桌讨论。要充分调查民意，特别是市级以及市级以下的政府，应当将民意调查作为一个必备流程，充分了解公众的想法。最后，咨询结果、决策采纳情况以及政府反馈意见也要及时通过各种媒介公开。

（2）完善工作评议和监督问责机制。首先，要增加政府部门的评议内容。对政府行政过程评议是指其是否认真、有效地做好决策咨询，是否保质保量地完成咨询任务；对政府部门的评议是指其是否做到重大决策咨询常态化、咨询结果是否及时落实，把评议结果纳入对相应部门的考核之中。其次，评议形式要做到常态有效，可以采取一年多评的方式，既有综合评议，也有专项评议；同时，要注重评议效果，建立"发现—评议—承诺—反馈"机制。最后，要严格执行问责制度，任何监督形式只有与问责结合起来，才能取得实效。

（作者：刘学）

参考文献

[1] 刘兢. 广东"网络问政"现象的再思考 [J]. 新闻爱好者, 2011 (4): 38-39.

[2] 孙文柱, 苏平, 孙莹玉. 地方政府网络问政模式构建研究 [J]. 重庆广播电视大学学报, 2011, 23: 51-54.

[3] 张尚仁. 网络问政: 公共管理的创新形式 [J]. 云南社会科学, 2010 (3): 28-32.

[4] 朱考金. 试论网络问政的发展、特性及完善: 以南京市网络问政网站为例 [J]. 理论文萃, 2011 (4): 37-45.

[5] 杨国斌. 悲情与戏谑: 网络事件中的情感动员 [J]. 传播与社会学刊, 2009 (9): 39-66.

[6] 杨宪福. 网络问政的发展状况与应对措施 [J]. 广西社会主义学院学报, 2010, 21: 78-81.

[7] 王绍光. 大转型: 1980年代以来中国的双向运动 [J]. 中国社会科学, 2008 (1): 129-148.

[8] 申建英, 孔卫红, 张丽. 论目前网络参政对中国民主政治发展进程的影响 [J]. 前沿, 2010, 20: 53-55.

[9] 邓聿文. "顶层设计"的困境和破解 [J]. 南风窗, 2011, 15: 25-27.

[10] 韩平, 董珏. 网民政治参与和政府回应性研究 [J]. 理论界, 2010 (2): 24-26.

[11] 黄明哲,王云燕. 有效提升领导干部"网络问政"能力的思考[J]. 求实,2010(12):18-21.

[12] Jacobs L R, Shapiro R Y. Issues, candidate image, and priming: The use of private polls in Kennedy's 1960 presidential campaign [J]. American Political Science Review, 1994, 88: 527-540.

[13] Page R. GeneTree: Comparing gene and species phylogenies using reconciled trees [J]. Bioinformatics (Oxford, England), 1998, 14: 819-820.

[14] Stimson J A, Mackuen M B, Erikson R S. Opinion and policy: A global view [J]. PS: Political Science & Politics, 1994, 27: 29-35.

[15] Verba S, Schlozman K L, Brady H E. Voice and equality: Civic voluntarism in American politics [M]. Brighton: Harvard University Press, 1995.